KB150158

묻다

전염병에 의한 동물 살처분 매몰지에 대한 기록

책 정가의 6퍼센트를 참사랑 동물복지 농장에 기부합니다.
참사랑 동물복지 농장은 가축 전염병에 의한 예방적 살처분을 거부한 첫 사례로,
이후 행정소송 진행 등으로 경영난을 겪고 있습니다.
저자와 출판사가 마음을 모아 기부합니다.
책 한 권의 기부 금액은 닭 한 마리의 15일치 사료가 됩니다.

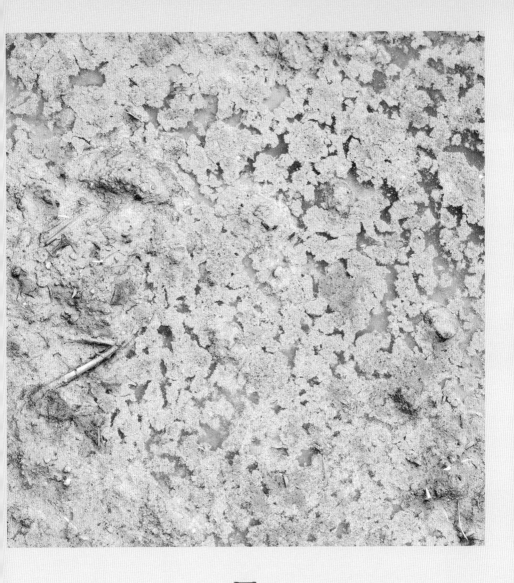

묻
다

차례

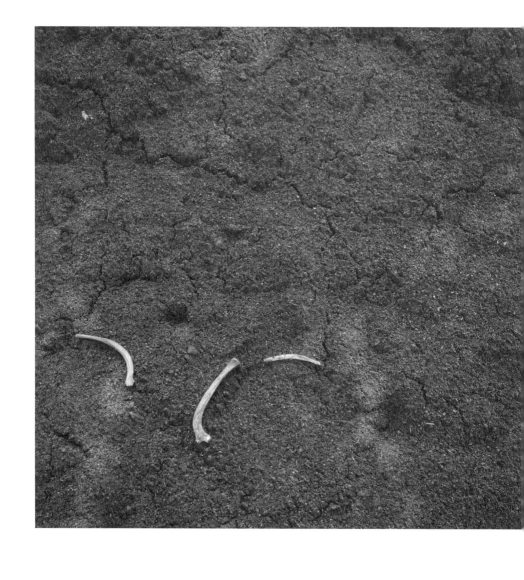

2312_01

2312_02

1588

11800_01

11800_02

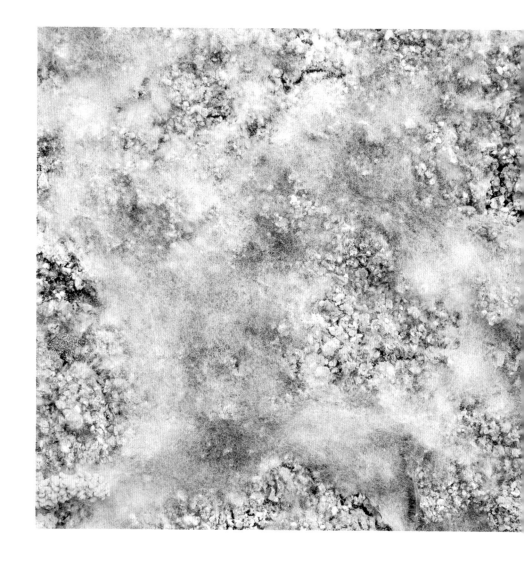

11800_03

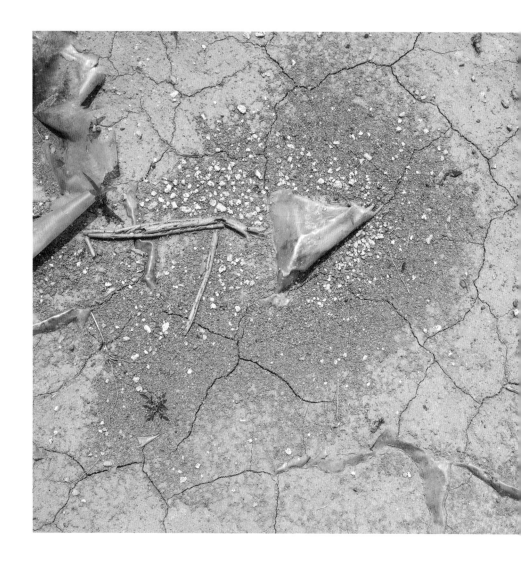

15000

12000

2241

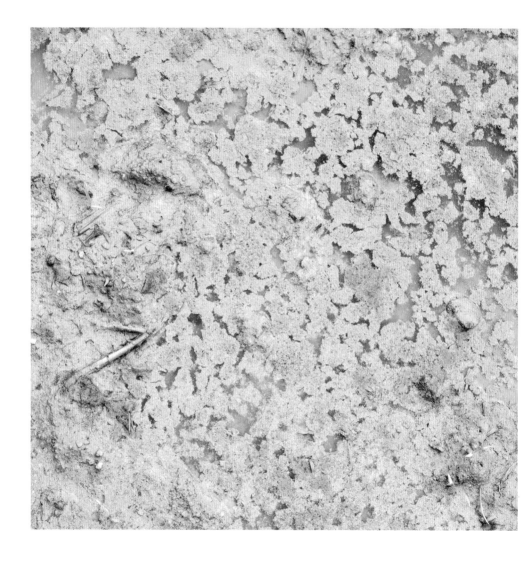

2654

299

73000

18000

14000

32400

84879_01

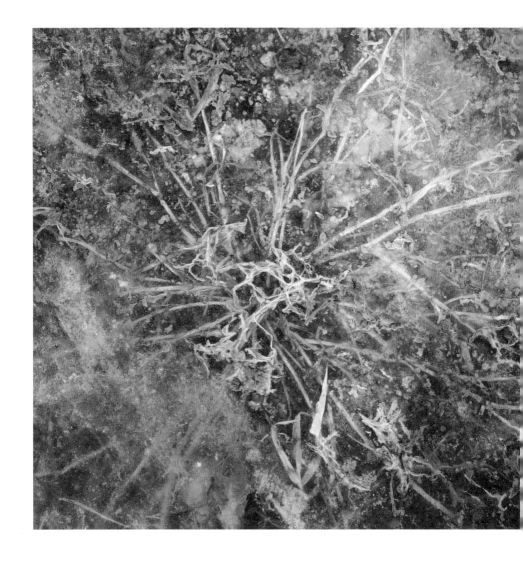

84879_02

84879_03

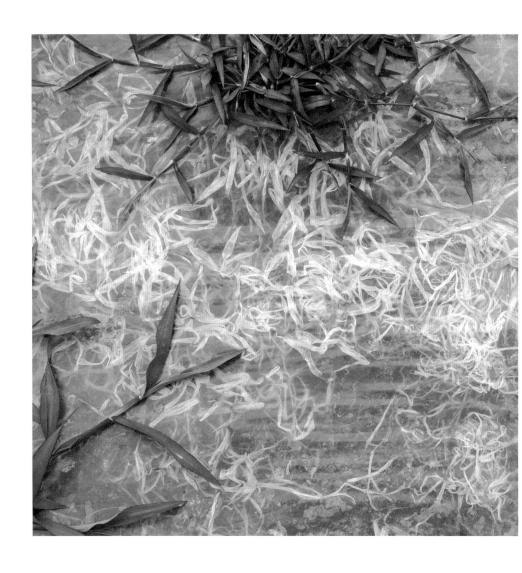

84879_04

84879_05

84879_07

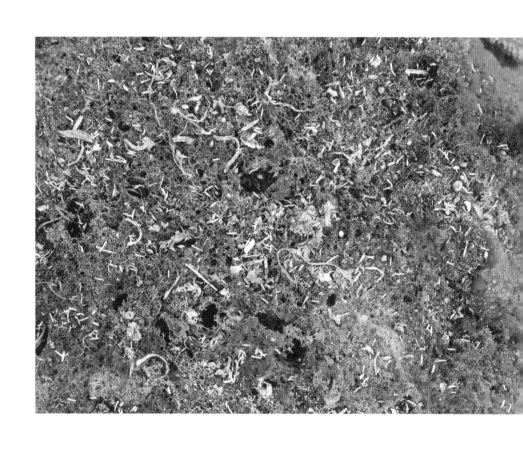

8975

84879_06

이 사진들은 구제역과 조류독감 매몰지 3년 후를 촬영한 것이며,

제목으로 쓰인 숫자들은 그 땅에 묻힌 동물들의 수입니다.

제목으로 쓰인 __ 뒤의 숫자는 작가가 매몰지를 찾은 횟수입니다.

그해　겨울

볕 좋은 봄날 오후였다. 예술 평론 세미나에 갔다가 3년 전 구제역과 조류독감으로 조성되었던 매몰지가 법적으로 사용 가능한 땅이 되었다는 얘기를 우연히 들었다. 딱히 내게 한 말도 아니었는데, 웬일인지 그 말이 또렷하게 내 귀에 박혔다.

2010년 겨울이었다. 매일 산 채로 파묻히는 동물에 관한 뉴스가 보도되었다. 트럭에 가득 실려 온 돼지들이 구덩이 속으로 내동댕이쳐졌다. 돼지는 공중에서 버둥거리며 비명을 질러댔다. 수천 마리의 오리가 뒤뚱뒤뚱 쫓기다가 구덩이 속으로 후드득 굴러떨어졌다. 영문을 모른 채 두리번대던 동물들 위로 흙더미가 쏟아졌다. '살처분'이라는 단어의 의미를 그제야 알았다. 충격,이라는 말로는 충분하지 않았다.

살아 있는 생명을 저렇게 대해도 되는 걸까?

너무나 모질고 잔혹한 현실에 내 안 깊은 곳에 있는 무언가가 훼손되는 기분이었다.

살처분.

기묘한 단어였다. 의미가 쉽게 드러나지 않으면서도 엄중한 행정절
차라는 뉘앙스만은 분명하게 전달된다. 누군가는 이런 부분까지 숙고
하고 있는 것일까? 키보드 위에 펼쳐졌던 손가락들이 저절로 움츠러
들었다.

찾아보니 '살처분'은 가축 전염병 만연 방지를 위한 예방법 중 하나
로, 감염 동물 및 접촉 동물 그리고 전염 가능성이 있는 동물 등을 죽
여서 처분하는 제도였다. 어째서 격리 후 치료가 아닌 격리 후 매몰이
란 말인가? 우주를 탐사하고 유전자를 조작하는 시대에 우리가 전염
병에 대처하는 수준이 고작 멀쩡한 동물까지 몽땅 파묻는 것이라니,
좀처럼 믿기지가 않았다. 게다가 법률에 권고된 살처분 방식은 '안락
사 후 소각이나 매몰'이었다. 그러나 현실은 인력, 장비, 시간, 비용 부
족 등의 이유로 동물을 생매장하고 있었다. 정부가 앞장서서 대대적인
규모로 불법적인 행동을 하다니, 기가 찼다.

> 구제역은 급성 바이러스다. 공기를 통해서도 쉽게 전염되기
> 때문에 발병하면, 발생 농장동물들을 24시간 이내에 파묻고,
> 주변 농장의 동물들을 48시간 이내에 파묻어야 조기 종식이
> 가능하다.

정부와 전문가들의 입장이었다. 유감스럽게도 선뜻 동의가 되지 않
았다. 인류 역사상 수많은 전염병이 있었다. 초기에는 사망률이 높았
던 질병도 시간이 지나면서 점차 면역력이 생겨났다. 그런데 질병과

싸워 이겨낼 수 있는 건강한 개체들까지 모조리 파묻어 버리면 어떻게 면역력이 생겨날 수 있을까? 의구심을 떨칠 수가 없었다.

하지만 농장 주인도, 수의사도, 공무원도 모두가 입술을 깨물며 눈물을 삭이고 있었다. 현장에서 직접 그 일을 감당하고 있는 사람들을 떠올리면, 섣부른 의문을 갖는 것조차 송구스러웠다. 전문가들이 얼마나 심사숙고해서 내린 결정이겠는가. 분명 더 많은 동물을 살리기 위한 용단이었으리라. 그렇게 믿었다.

그해 겨울 전국 4,799곳에 매몰지가 조성되었다.

대학살의 공포와 동물들에 대한 미안함이 채 가시기도 전에 매몰지 오염에 관한 뉴스가 쏟아졌다. 피로 물든 지하수가 논과 하천으로 흘러나오고, 땅속에 가득 찬 가스로 인해 썩다 만 사체들이 땅을 뚫고 솟아올랐다는 엽기적인 뉴스였다.

〈가축전염병예방법〉

제24조 가축 사체를 묻은 토지는 3년간 발굴(사용)을 제한한다.

3년 후, 이렇다 할 뉴스 없이 전국 4,799곳의 매몰지가 고스란히 사용 가능한 땅이 되었다. 정말 사용 가능한 땅이 되었을까? 걱정스러운 마음에 집에서 비교적 가까운 매몰지를 찾아갔다.

내비게이션이 가리키는 곳은 논 가장자리에 세워진 비닐하우스였다. 비닐하우스? 잘못 찾아온 게 아닌가 싶었지만 일단 차를 세웠다.

차 문을 열자 오리 냄새가 훅 풍겨왔다. 분명 오리 냄새였다. 내가 오리 냄새를 안다는 것을 나도 그때 처음 알았다.

어릴 적 우리 집에서는 소, 닭, 오리와 개를 키웠다. 부모님은 방앗간을 운영하셨고, 농사도 지으셨기 때문에 늘 바쁘셨다. 우리 삼남매는 자기 일을 스스로 하는 것은 물론이고, 집안의 사소한 노동을 분담해 부모님의 부담을 덜어 드리곤 했다.

나는 오리 담당이었다. 오리를 돌보는 일은 가장 간단한 집안일 중 하나였다. 해질 무렵 밥 짓는 냄새가 나기 시작하면 나는 개울가로 가서 오리들을 향해 "집에 가자!"라고 소리쳤다. 내 말 한 마디면 오리들은 냉큼 물 밖으로 나왔고, 나를 따라 줄지어 집으로 돌아왔다. 나는 우리로 들어가는 오리들 숫자를 센 다음 문만 닫으면 되었다. 까맣게 잊고 있었던 기억이 생생하게 되살아났다.

냇가에 오리를 데리러 갔을 때 이웃의 오리가 함께 남아 있는 경우가 더러 있었다. 나는 여느 때처럼 오리를 부르고 무심한 듯 앞장서서 걸었지만 우리 안으로 들어가는 오리의 숫자를 셀 때면 내심 조마조마했다. 이웃의 오리가 한 마리라도 따라왔다면 내가 골라내야 하는데 영 자신이 없었기 때문이다. 다행히 한 번도 그런 일은 일어나지 않았다. 지금 생각해 보면 제 식구를 알아보는 건 나보다 오리들이 한 수 위였던 것 같다.

이 비닐하우스에서 오리를 키웠던 것일까?

3년 전에 오리를 키웠는데 아직까지 이렇게 오리 냄새가 나다니. 오리는 없고 오리의 체취만 남은 비닐하우스를 보고 있으려니 심정이 복잡해졌다.

한참을 기웃거리다 마음을 다잡고 비닐하우스에 다가갔다. 문을 잡은 손끝이 희미하게 떨렸다. 조심스레 비닐하우스 문을 열었다. 안은 텅 비어 있었다. 봄인데 작물을 키우지 않는 것이 이상했다. 텅 빈 땅에 풀이 무성하지 않은 것도 낯설었다. 지나치게 텅 빈 느낌이었다.

좀 더 살펴볼까 싶어 안쪽으로 들어갔다. 갑자기 물컹, 하고 땅이 꿀렁거렸다. 흠칫 놀라 뒷걸음질을 쳤다. 발길 닿는 곳마다 물컹거리며 바닥이 제멋대로 일그러졌다. 머리끝이 쭈뼛 곤두섰다. 그것은 눈이나 진흙을 밟는 것과는 전혀 다른 느낌이었다. 심장이 튀어나올 기세로 요동쳤다. 허겁지겁 그곳을 빠져나왔다. 어떻게 운전을 해서 집으로 돌아왔는지도 모르겠다. 집에 도착해서 보니 핸들을 쥔 손가락이 돌덩이처럼 굳어 있었다.

비 밀

물컹물컹한 땅. 대체 그것은 무엇이었을까?

며칠 동안 그 물컹한 느낌을 떨쳐 버리려 애썼지만 허사였다. 돌이켜 보면 선명한 오리 냄새부터가 이상했다. 3년이나 지났는데 오리 냄새가 다 무어란 말인가? 무언가에 홀린 기분이었다. 그렇다고 다시 돌아가서 확인할 용기는 좀처럼 나지 않았다. 물컹한 느낌을 떠올리는 것만으로도 심장이 쪼그라들었다.

궁여지책으로 인근에 있는 다른 매몰지를 찾아가 보았다. 대개의 매몰지는 몇 겹의 비닐로 덮여 있었다. 그리고 몇 년 몇 월 며칠에 몇 마리의 동물을 파묻었다는 정보와 3년간 건드리지 말라는 경고가 적힌 표지판이 세워져 있었다. 차근차근 기억을 더듬어 보니 그곳에는 비닐도, 경고 표지판도 없었다.

대체 무슨 상상을 했던 걸까? 나지막이 한숨을 내쉬었다. 분명 감각의 오작동이었을 것이다. 잔뜩 겁을 집어먹고서 제대로 살펴보지도 않고 허둥지둥 도망친 내가 우스꽝스럽게 느껴졌다. 아마 비닐하우스에

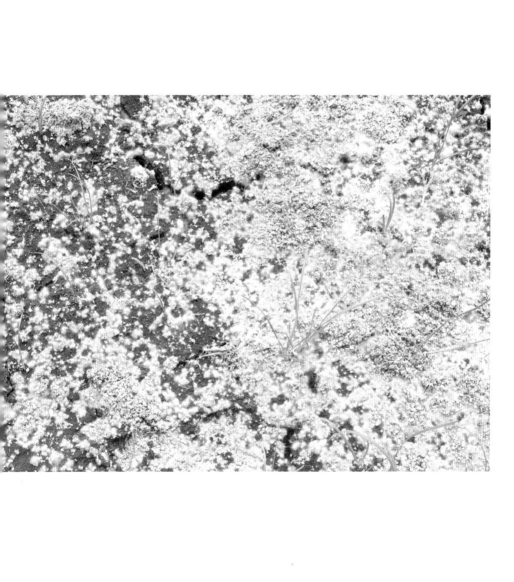

서는 오리를 키웠을 것이다. 매몰지는 비닐하우스 근처 어디쯤일 테고. 마음에 여유가 생기자 단단한 현실을 손에 쥐고 싶어졌다. 다시 가서 확인하고 묘한 상상을 날려 버리자!

마음을 다잡고 다시 그 비닐하우스를 찾아갔다. 문 앞에 서자 지난번처럼 오리 냄새가 났다. 심장이 살며시 두근거렸다. 마음속으로 기합을 넣고 굳게 닫힌 문을 힘껏 밀었다. 비닐하우스는 전과 달리 좌우 비닐이 돌돌 말려 올라가 있었다. 시원하게 뚫린 양옆으로 엷은 바람이 지나갔다. 이번에는 섣불리 움직이지 않고 바닥부터 살폈다. 땅이 메마른 나머지 쩍쩍 갈라져 있었다. 결코 물컹거릴 수 없는 상태였다. 휴, 안도의 한숨을 내쉬었다.

평정심을 되찾자 바닥 여기저기에 뿌려진 모래가 눈에 들어왔다. 황토라면 모를까 농사를 지을 땅에 모래를 뿌리다니 이상한 일이었다. 또 모래 아래에 뿌려진 저 하얀 가루는 무엇일까? 새하얗고 고운 게 얼핏 밀가루처럼 보였다. 자세히 보려고 쪼그려 앉았다가 화들짝 놀랐다. 그것은 곰팡이! 곰팡이였다.

| 1 | 0 | 0 | / | 4 | 7 | 9 | 9 |

그 이후 몇 차례 더 비닐하우스에 찾아가 상황을 지켜보았다. 갈라진 틈 사이로 솜뭉치 같은 곰팡이가 끊임없이 피어올랐다. 농장 주인이 환기도 시키고, 새 흙도 가져다 부었지만 허사였다. 곰팡이는 보란 듯이 모래와 흙더미를 부둥켜안고 억세게 퍼져 나갔다. 저 밑에서는 무슨 일이 벌어지고 있는 것일까? 혐오와 공포가 동시에 밀려들었다.

농장 주인의 비밀을 몰래 훔쳐보는 동안 나는 마음을 졸였다. 내가 본 것을 언론에 슬쩍 흘려볼까? 그러면 애꿎은 비닐하우스 주인만 곤욕을 치르게 되는 것은 아닐까? 아무리 생각해도 외람된 짓 같았다.

어쩌면 내가 4,799곳의 매몰지 중 최악인 곳을 발견한 것은 아닐까? 여전히 비닐에 덮여 있는 매몰지들이 떠올랐다. 만에 하나 그게 아니라면? 매몰지를 덮고 있던 비닐을 들춰 보면 죄다 이 지경인 것은 아닐까? 불안감이 밀려닥쳤다.

설령 그렇다 한들 내게 비닐을 들출 용기 같은 것이 있을 리 만무했다. 상상만으로도 식은땀이 흘렀다. 애당초 오지 말았어야 했다. 후회

가 밀려들었다. 두렵고 막막해서 며칠을 더 고심했다. 이대로 눈을 감으면 두고두고 목에 걸린 가시가 될 것 같았다. 전국에 있는 매몰지 4,799곳 중에서 100곳을 무작위로 골랐다. 100곳 정도는 내 눈으로 직접 확인한 후에 입을 열든 닫든 하기로 마음을 먹었다.

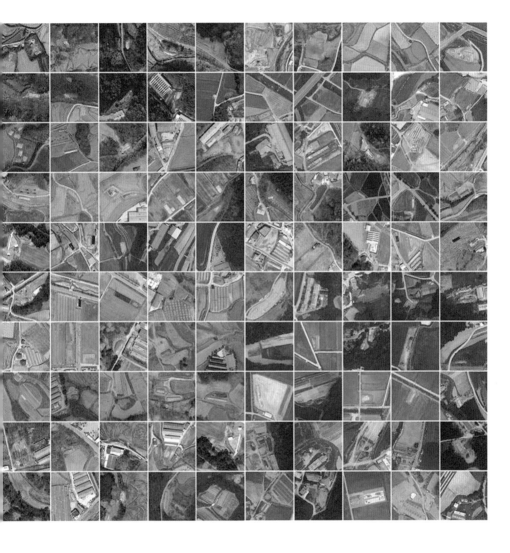

매몰지를 찾아다니다 보니 자연스럽게 축사 근처를 지나게 되었다. 축사 인근에는 어디건 분뇨 냄새가 진동했다. 악취는 독하다 못해 따가울 정도여서 저절로 눈살이 찌푸려졌다. 이 동네에 사는 사람들은 얼마나 고달플까? 고기는 모두가 먹지만 고통은 일부가 떠맡는다. 씁쓸한 마음이 들었다.

6·25전쟁 후 세계에서 가장 가난한 나라 중 하나였던 우리나라의 최우선 과제는 먹고사는 일이었다. 국내 농업은 쌀 중심이었고, 축산은 농가 부업이 대다수였다. 60년대까지만 해도 가축은 농업에 활용할 수 있는 소를 제외하고는 한두 마리 정도 키우는 수준이었다. 축사도 헛간이나 외양간, 돼지우리 정도가 전부였다.

그랬던 우리나라가 오늘날처럼 대규모 축산업을 시작하게 된 것은 일본과 관련이 깊다. 한국전쟁을 동력으로 경제를 급속히 회복한 일본은 전에 없는 경제적 풍요를 누리게 되었고 이는 곧 육식의 증가로 이어졌다. 전 국토에 축산 농가가 우후죽순 생겨나자 일본 내 돼지 사육이 큰 골칫거리로 떠올랐다. 풀만 먹는 소에 비해 잡식성인 돼지의 배설물은 양도 악취도 압도적이었기 때문이다. 환경 문제의 해법을 찾던 일본은 상대적으로 가난했던 우리나라와 대만에 돼지 사육 기술을 전수한 후, 돼지고기를 수입해 가는 것으로 문제를 해결했다. 그때 삼례와 김해 등지에 대단지 양돈 농가가 조성되었다.

당시 우리나라와 함께 일본으로부터 돼지 사육 기술을 전수받은 대만은 그 후 세계적인 양돈 수출 국가가 되었다. 작은 섬나라 대만에서 축산업에 종사하는 사람이 무려 100만 명에 달했다. 그런데 1997년, 불법 수입된 사료와 가축의 틈을 비집고 구제역 바이러스가 대만에 유입되었다. 구제역은 순식간에 통제 불능의 상태가 되었고, 대만은 사육 두수의 약 40퍼센트인 385만 746마리의 돼지를 살처분하는 충격적인 기록을 세웠다.

1997년 구제역 사태 이후 대만에서는 2001년까지 거의 매해 구제역이 발생했다. 그로 인해 일본 수출 재개가 좌절되었다. 결국 대만 정부는 양돈 수출 산업을 포기했다. 대만의 양돈 산업이 수출 위주에서 내수 위주로 축소되자, 아이러니하게도 대만의 국토가 급격히 회복되었다. 도시까지 진동하던 축산 악취가 사라졌고 시냇물은 맑아졌다.

2010년 겨울 구제역 사태로 우리는 347만 9,962마리의 동물을 살처분했다. 그러나 다행인지 불행인지 우리 축산업은 여전히 건재하다. 그에 비례해 축산 악취에 대한 민원 역시 꾸준히 증가하고 있으며, 최근에는 축산 분뇨로 인한 인명 피해까지 발생하고 있다. 2013년 거창의 한 양돈장에서 분뇨 저장조의 막힌 배관을 뚫던 외국인 노동자가 분뇨로부터 올라온 황화수소에 질식해 쓰러졌고, 이를 발견한 농장주와 부인이 구조를 위해 저장조로 들어갔다가 3명 모두 사망했다. 이런 불행한 사고는 오늘날까지 지속적으로 반복되고 있다.

양돈 농가뿐만 아니라 모든 축산업은 필연적으로 분뇨를 발생시킨다. 축산업의 규모가 커질수록 분뇨 발생량도 그만큼 늘어난다. 축산 분뇨는 공기만이 아니라 물과 토양 등의 자연을 오염시킨다. 하지만 수출되는 고깃값에는 환경오염에 관한 비용은 포함되어 있지 않다. 과연 우리가 환경을 내어 주고 벌어들인 돈을 제대로 된 수익이라고 말할 수 있을까?

아무런 사전 지식도 없이 무작정 매몰지를 찾아다니다 보니 이런
저런 의문이 들기 시작했다.

매몰지는 어떤 원리로 조성된 것일까? 어떤 매몰지는 전체가 비닐
로 덮여 있었고, 어떤 매몰지는 흙에 비닐이 파묻혀 있었다. 어떤 매몰
지는 물컹거렸고 어떤 매몰지는 단단했다. 어떤 매몰지는 잔뜩 부풀어
올라 있었고, 또 어떤 매몰지는 푹 꺼져 있었다. 어떤 매몰지는 플라스
틱 관이 몇 개쯤 꽂혀 있었고, 어떤 매몰지는 그조차도 없었다. 그나마
설치된 플라스틱 관은 터지거나 막혀 있기 일쑤였고, 지독한 악취를
뿜어댔다.

관련 자료를 찾아보았다. 매몰지를 조성하는 데는 여러 가지 방식
이 있었다. 그중 우리 정부가 택한 방식은 '구덩이 매몰 방식'이었다.
이름에서 유추할 수 있듯이 구덩이를 파서 동물을 매몰하는 방식이다.
구덩이 매몰 방식의 과정을 간단히 설명하면 이렇다.

1. 구덩이를 판다.

2. 구덩이에 비닐을 이중으로 깐다.

3. 구덩이 안에 동물을 밀어 넣는다.

4. 비닐을 덮고 석회와 흙 등으로 밀봉한다.

5. 사체가 썩는 과정에서 발생할 가스나 액체를 빼내는 관(배수로, 가스 배출관)을 몇 개 꽂는다.

구덩이 매몰 방식은 조성 방법이 비교적 간단해 숙달된 전문가가 투입되지 않아도 빠르고 쉽게 매몰지를 조성할 수 있다. 또한 땅을 팔 수 있는 장비나 인력만 있으면 되니 기타의 특별한 장비를 마련할 필요도 없다. 게다가 조성에 필요한 설비는 값이 저렴한 비닐과 플라스틱 관 몇 개가 전부다. 정부가 왜 이 방식을 선택했는지 단번에 이해할 수 있었다. 그렇다고 이 방식에 동의한다는 것은 절대 아니다. 구덩이 매몰 방식은 상식적인 수준에서 조금만 생각해 봐도 원리 자체가 난센스다.

첫째, 만약 비닐만으로 밀봉에 성공한다면? 완벽히 밀봉되어 산소가 공급되지 않으면 구제역 바이러스뿐만 아니라 부패균조차 살아남을 수 없는 물리적인 환경이 되고 만다. 그러면 3년이 아니라 30년이 지나도 비닐 안에 담긴 동물의 사체는 썩지 못한 채 고스란히 남게 된다.

둘째, 만약 밀봉에 실패한다면? (실제로 비닐, 석회, 흙만으로 완벽한 밀봉을 기대하기란 어렵다. 또한 동물을 산 채로 파묻는 과정에서 비닐이 찢어지는 경우도 허다하다.) 침출수가 새어 나와 2차 환경오염 문제가 발생한다. 실제로 OECD 국가에서는 대부분 환경오염 문제 때문에 이 방식을 사용하지 않는다.

그해 겨울에는 과거 어느 때보나 훨씬 많은 동물을 다급하게 파묻었다. 공유지가 모자라 대부분 좁은 땅에 구덩이를 깊게 파서 최대한 많이 묻었다. 설령 동물을 맨땅에 묻고 부패 촉진제를 쏟아부었다 해도 좁은 땅에 묻힌 엄청난 동물 숫자를 떠올려 보면 3년이라는 기한은 조금도 상식적이지 않다. 대관절 법정 발굴 금지 기간 3년의 근거는 무엇인가? 밀봉이 완벽하게 실패할 것임을 전제했단 말인가?

비단 매몰지 조성 방법만이 문제가 아니었다. 한 번은 매몰지에 갔는데 구석기 유적지 표지판이 떡하니 버티고 서 있었다. 매몰 부지를 찾지 못해 곤란을 겪다가 근처 공유지에 파묻는다는 것이 엉뚱하게도 구석기 유적지에 오리를 파묻어 버린 것이다. 그만큼 급박하게 진행된 탓인지 '집단가옥, 수원지, 하천 및 도로에 인접하지 아니한 곳'이라는 기본적인 매몰지 선정 기준을 무색하게 만드는 곳이 많았다. 아파트가 보이는 마을 어귀나 도로변, 무너질 위험이 있는 산비탈이나 언제 물이 흐를지 모르는 계곡과 수로, 심지어 커다란 하천변이나 물을 대야 하는 논 한가운데에도 매몰지가 버젓이 있었다.

2010~2011년, 경기도와 경북 지역 매몰지의 5~10퍼센트가 하천과 인접한 지역에 조성되었다. 당시 무려 1,009개의 매몰지가 조성된 경기 북부 지역에서는 과거 침수가 발생했던 장소 혹은 하천으로부터 거리가 50미터 미만인 곳에 조성된 매몰지가 192곳이나 되었다. 특히 파주시 전체의 수돗물을 공급하는 금파취수장의 오염 위험도는 심각

한 수준이었다. 그밖에도 남한강의 팔당댐 상수원, 경북 안동댐과 내성천 하류에 있는 달지취수장(문경시 수돗물 공급)과 도남취수장(상주시 수돗물 공급)의 오염 피해가 예상되었다.

지하수 오염도 큰 문제였다. 2011년 2월에 발표된 한국환경공단의 보고서에 따르면 2004년부터 2010년 5월 사이에 조성된 가축 매몰지 중 약 35퍼센트에서 침출수가 유출되어 지하수와 토양을 오염시키고 있었다. 2011년 12월 환경부는 2010년 겨울에 새로 조성된 매몰지 4,799곳 중 23퍼센트에서 침출수 유출 가능성이 높다고 보고했다.

동물의 몸무게 중 70퍼센트는 물이다. 사체가 부패하면 자연스럽게 침출수가 흘러나온다. 침출수 속에는 장속 배설물에 서식하는 대장균이나 살모넬라균 같은 해로운 미생물도 섞일 수 있다. 만약 찢긴 비닐 사이로 침출수가 유출되어 지하수로 흘러든다면 전 국토에 실핏줄처럼 연결되어 있는 지하수에 영향을 미칠 것이다.

2010년 1월 강화군에 조성되었던 매몰지의 지하 17미터 깊이에서 흐르던 지하수 수질이 썩은 물 수준으로 오염된 사실이 밝혀졌다. 또한 2010년 11월 이후 강화군에 조성된 51곳의 매몰지 인근 지하수 수질 검사 결과, 31곳에서 기준치를 초과한 대장균, 질산성 질소 등이 검출되었다. 강화군은 아직 상수도가 보급되지 않아 모든 주민이 지하수, 계곡물 등에 전적으로 의존하고 있는 상황이었다.

강화군뿐만 아니라 시골에서는 아직도 적잖이 지하수를 사용한다. 면 단위 인구의 55퍼센트, 읍 단위 인구의 14퍼센트가 농사는 물론이고 지하수를 먹고 마시는 생활용수로도 사용하고 있다. 전국에서 매몰 집중도가 가장 높은 곳 중 하나인 안성시 일죽면의 경우 상수도 미보급 세대가 1,808세대에 달했다.

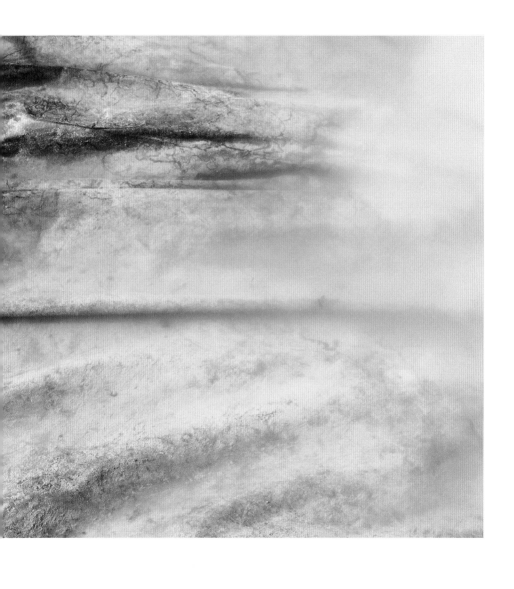

지하수 오염 문제가 불거지자 정부에서는 해당 지역에 생수 지원을 약속했다. 2011년 한국환경공단의 《AI 발생 주변 지역 환경영향 조사 최종 보고서》에 따르면 묻힌 지 7년이 지난 매몰지에서도(2004년 조류독감으로 각각 닭 2만여 마리를 묻은 천안의 2개 매몰지) 침출수가 계속해서 빠져나와 지하수를 오염시키고 있었다. 이런 상황에서 생수 지원만으로 지하수 오염 문제를 언제까지 감당할 수 있을까? 그리고 이미 전 국토가 쑥대밭이 된 상황에서 생수는 과연 안전할까?

실제로 충청도 매몰지 인근에 생수 공장이 있는 것을 보고 간담이 서늘해진 적이 있다. 혹시나 하는 마음에 기사를 찾아보았다. 충남과 강원도에 각각 1곳씩 생수 공장의 수원지와 구제역 매몰지가 같은 마을에 있었다. 경기도에 취수원을 둔 생수업체는 14곳 가운데 8곳이 구제역 매몰지와 같은 마을에 있었다. 그중 2개 업체는 생수를 퍼 올리는 공장과 매몰지의 거리가 몇 백 미터에 불과했다. A사 공장 주변에는 돼지 3,580마리, 소 153마리가 묻힌 매몰지가, B사 주변에는 총 37개의 매몰지(묻힌 동물 수 14만 2,078마리)가 있었다.

생수업체에서는 오염된 지하수가 유입될 가능성은 없다며 생수의 안전성을 주장했지만 찜찜한 마음이 드는 것은 어쩔 수 없다. 병에 걸린 동물의 증상은 한눈에 보이지만 대지의 신음은 눈에 잘 띄지 않는다. 이런 이유로 우리는 축산 문제를 환경 문제로 손쉽게 떠넘긴다. 하지만 그것은 오늘의 문제를 내일의 문제로 떠넘기는 어리석고 무책임한 짓이다.

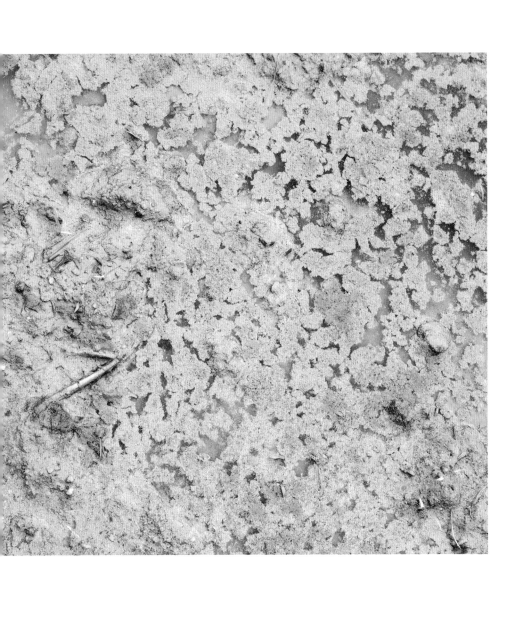

전라도에서 충청도, 경기도로 넘어가자 축산 농가의 규모가 확연히 달라졌다. 매몰지의 규모도 상상을 초월했다. 학교 운동장만 한 곳도 있었고, 야산 절반을 뒤덮은 매몰지도 있었다. 축산 농가의 밀집도가 높아서인지 매몰지가 사방에 포진한 동네도 더러 있었는데, 흡사 매몰지가 동네를 둘러싼 형국이었다. 4,799라는 숫자의 크기가 실감이 났다.

우리나라에서 구제역이 처음 발생한 것은 2000년이었다. (일제강점기에 발생 기록이 있지만 대한민국 정부 수립 이후로는 처음이었다.) 최초 발생한 것이었지만 효과적인 백신 정책을 활용해 2,216마리의 동물을 살처분하는 것으로 사태를 일단락지었다. 전염성 강한 구제역의 특성상 해외에서도 우수사례로 꼽힐 정도로 빠르고 완벽한 대응이었다. 2년 후인 2002년 전 국토를 뜨겁게 달구었던 월드컵 기간 중에 다시 구제역이 발생했다. 두 번째였지만 당시만 해도 구제역은 축산업 종사자들에게조차 낯선 질병이었다. 당연히 국민적 이해도, 협조도 없었다. 그런 악조건 속에서도 정부는 16만 155마리의 동물을 살처분하는 것으로 구제역 사태를 종결시켰다. 그 후 잠잠했던 구제역은 2010년에 다시 발생했는데, 그해에만 무려 세 차례나 발생했다. 1월에 발생한 6건의 구제역으로 28일간 5,956마리, 4월에 발생한 11건으로 29일 동안 4만 9,874마리, 11월에 발생한 구제역으로 145일간 무려 347만 9,962마리가 살처분되었다.

어떻게 갑자기 이렇게까지 국가의 방역 시스템이 곤두박질 칠 수 있을까?

사건의 발단은 경북 안동이었다. 2010년 11월 23일, 서현양돈단지의 A 농가에서 최초로 구제역이 신고되었다. 그런데 경북 가축위생시험소에서는 간이항체 검사 키트 결과만으로 구제역이 아니라고 판단하고, 이를 검역원에 보고하지 않았다. 11월 26일, 서현양돈단지의 B, C 농가에서 또다시 구제역 의심 신고가 들어왔다. 경북 가축위생시험소에서는 다시 간이항체 검사 키트로 검사한 후 구제역이 아니라고 판단했고, 역시 검역원에 보고하지 않았다. 11월 28일, B, C 농가는 수의과학검역원에 재의심 신고를 했다. 11월 29일 수의과학검역원의 정밀검사 결과, 구제역임이 판명되었다. 이미 같은 해 1월과 4월에 구제역이 발생했을 때 지방자치단체가 간이항체검사의 음성 결과만을 믿고 방치해 초동 방역에 실패했었는데 같은 과정이 반복된 것이다. 그 후 농림부는 국립수의과학검역원에 의뢰해 구제역 판정을 받도록 각 지자체에 지시했으나, 그 지시사항은 지켜지지 않았다.

정부가 놓친 방역 골든타임이었던 11월 25일, 서현양돈단지에서 가축 분뇨 2톤가량이 분뇨 처리 장비 개발업체에 의해 경기도 파주 지역으로 운반되었다. 업체에서는 문제의 분뇨로 야외에서 분뇨 건조 시험을 했다. 그로 인해 업체 인근에 있던 농가들에 구제역이 전염되었고 연천, 포천, 강화 등 농장 밀집 지역으로 잇따라 퍼져 나갔다. 평창·횡성 등 강원도로 구제역이 번진 것은 경기도 양주 소재의 사료 공장의 사료와 이를 운반한 사료차가 원인일 가능성이 제기되었다. 또 이천·여주·용인·괴산 등은 사람에 의해 퍼졌을 것으로 추정되었다. 만약 11월 23일 최초 의심 신고가 접수된 직후, 이동 통제 등 차단 방역이 이루어졌다면, 무려 347만 9,962마리의 동물을 파묻는 비극은 결코 일어나지 않았을 것이다.

그해 겨울의 악몽은 그게 끝이 아니었다. 국내에서 4번째 고병원성 조류독감(AI)이 발생한 것이다. 2010년 12월 29일 전북 익산시 양계 농장과 충남 천안시 오리 농장에서 처음 발생해 2011년 5월 16일 경기도 연천군 양계 농장에서의 발생을 마지막으로 139일간 총 648만 마리의 가금류가 속절없이 파묻혔다. 그중 99.999퍼센트는 '예방'을 위해 살처분된 건강한 동물들이었다. (당시 조류독감에 걸린 동물은 닭 34, 오리 54, 꿩 1, 메추리 2로 총 91마리였다.)

국립수의과학검역원의 역학 조사 결과 조류독감의 발병과 확산 역시 감염된 철새에 의한 직접 전파가 아닌, 철새의 분변을 사람이나 차량이 농장 안으로 옮겨오고, 오염 농장을 출입한 사료, 왕겨 차량이 이를 다른 농장으로 확산시킨 것으로 밝혀졌다. 전염병의 징검다리가 될까 봐 예방적 차원에서 멀쩡한 동물까지 숱하게 파묻으면서 정작 전염병을 옮긴 것은 인간의 부주의였다니! 불에 덴 것처럼 속이 화끈거렸다.

굳게 마음을 먹고 시작한 일이었지만 매몰지를 찾아 헤매는 일에는 좀처럼 적응이 되지 않았다. 길도 없는 풀숲을 헤치며 걸을 때는 뱀이라도 밟을까 봐 겁이 났다. 산중에 인적이 드물면 드물어서 무서웠고, 인기척이 느껴지면 느껴져서 겁이 났다. 어렵사리 매몰지를 찾아내도 매몰지를 살필 때면 번번이 심장이 오그라들었다.

소 299마리가 파묻힌 곳이었다. 이렇게 좁은 땅에 어떻게 소를 299마리나 묻었을까? 상상만으로도 온몸에 힘이 들어갔다. 자투리땅이라 둘레에 따로 길이 없었다. 매몰지를 살피려면 어쩔 수 없이 매몰지 위로 올라서야만 했다. 응달이라 그런지 제법 싸늘한 기운이 감돌았다. 발끝을 내려다보며 한참을 머뭇거렸다. 밟아도 될지 조심스러웠다. 심호흡을 한 후 발끝에 신경을 쓰며 천천히 매몰지 위에 올라섰다. 발밑에서 고스란히 전해 오는 물컹한 느낌에 머리끝이 쭈뼛 곤두섰다. 한 발 한 발 내딛을 때마다 끈적끈적한 공포가 스멀스멀 다리 위로 기어오르는 느낌이었다. 비닐 아래에 있을 수많은 죽음이 떠올랐다. 동물

에게 영혼이 있을까? 으스스 몸이 떨렸다.

11살쯤이었던 것 같다. 볕 좋은 오후였다. 친구 집에 갔는데 그 집 어른들이 외양간에서 송아지를 끌어내고 있었다. 아직 털이 보송보송한 새끼였다. 송아지는 엄마 곁에서 떨어지지 않으려고 무진장 애를 썼다. 엄마 소는 아무런 저항 없이 얌전히 서 있었다. 어린 마음에도 엄마 소의 그런 모습이 더 슬프게 다가왔다. 질질 끌려가던 송아지가 버둥거리며 서럽게 울어댔다. 그러자 순한 얼굴로 무심히 앞만 바라보고 있던 엄마 소의 눈이 조금씩 커지기 시작했다. 나는 그 모습이 이상하고 신기해서 엄마 소의 눈망울을 빤히 쳐다보고 있었다. 엄마 소의 눈이 무서울 정도로 커지더니 갑자기 주먹만 한 눈물이 뚝, 하고 떨어졌다. 그때 소도 눈물을 흘린다는 것을 처음 알았다.

영혼까지는 잘 모르겠지만(인간에게 영혼이 있는지도 모르겠다) 동물도 감정이 있다. 이별을 슬퍼하고 죽음을 두려워한다. 우리가 공포와 고통 속으로 밀어 넣은 동물들을 생각하면 가슴이 너무나 아팠다. 얼마나 무서웠을까? 얼마나 고통스러웠을까? 대체 우리는 얼마나 궁지에 몰렸기에 이토록 무서운 짓을 저지르는 것일까?

매몰가축 및 물건 돼지 4,517

표지판의 숫자가 번뜩였다. 바늘에 찔린 것 같은 통증을 느꼈다. 분명 합당한 이유가 있었을 것이다. 살처분만이 유일한 길이며, 최선이었을 것이다. 정부와 전문가들이 뼈아프게 내린 용단이었을 것이다. 매몰지를 찾아다니는 동안 나는 이 말을 주문처럼 되뇌었다. 그럼에도 불구하고 커져만 가는 마음의 고통을 덜어내기 위해 나는 그 명명백백한 근거를 직접 확인하기로 했다.

구제역에 감염된 동물은 고열이 발생하지만 이틀에서 사흘이 지나면 열이 가라앉는다. 입술, 혀, 잇몸, 코 또는 발굽 등에는 물집이 생긴다. 입속에 생기는 물집으로 인해 거품이 많고 끈적끈적한 침을 심하게 흘린다. 발굽에 생긴 물집으로 걸음을 절뚝거리기도 한다. 갓 태어난 동물의 경우 치사율이 50퍼센트에 달하지만 다 자란 동물의 치사율은 1~5퍼센트로 경미한 편이며 대부분 2주 안에 자연 치유된다.

자연 치유?

인류 역사에 구제역이 처음으로 기록된 것은 16세기 이탈리아였다. 이탈리아는 당시 세계 무역의 중심지였다. 구제역이 돌기 시작하면 농장 입구에 죽은 양이나 소의 머리를 걸어 사람들의 출입을 막았다. 짚을 깔아 주고 쇠죽과 부드러운 건초를 먹이면서 돌보면 구제역은 완치되었다.

완치? 머릿속이 혼란스러웠다.

구제역은 사람에게 옮기지 않으며 식품의 안전에도 영향을 미치지 않는다. 20세기 초만 해도 구제역에 걸렸다 회복된 소 중에서 고품질의 고기와 우유를 생산해 상을 받은 경우도 적지 않았다.

그런데 왜? 어안이 벙벙했다.

1839년 8월 영국에서 구제역이 전국적으로 유행했다. 입술에 생긴 물집 탓에 잘 먹지 못한 동물들은 몸무게가 줄었고, 일부 젖소의 경우 젖에 염증이 생겨 우유를 생산하지 못하는 경우도 있었다. 그러나 감염된 동물들은 금방 회복되었고, 치사율도 낮았기 때문에 농부들은 구제역을 가벼운 감기 정도로 여겼다.

1865년 영국 전역에 전염성이 강하고 치사율이 높은 우역이 돌았다. 영국 정부는 우역을 반드시 신고하게 하고, 감염된 동물과 접촉한 동물을 모두 불태우거나 땅에 파묻게 했다. 그것은 전염병이 퍼져 나가는 것을 막기 위한 지구 최초의 살처분 조치였다.

가축 전염병에 대한 국가의 첫 개입은 성공적이었다. 이후 영국 정부는 가축의 다른 전염병 역시 통제해야 한다는 책임감을 갖게 되었다. 1869년 구제역에 감염된 가축의 이동과 매매가 금지되었고, 1884년에는 구제역 발생국의 가축 수입을 금지하는 법안이 영국 의회를 통과

했다. 영국 정부의 움직임에 따라 미국, 캐나다, 오스트레일리아 등도 구제역 발생국의 가축 수입을 금지했다.

원래 영국 농민은 농사를 짓고 남은 곡식을 동물에게 먹였다. 그런데 연이은 기상 악화로 영국의 농업 생산량이 크게 줄어들자 미국에서 곡물을 수입하기 시작했다. 농민들은 이제 동물의 먹이조차 수입해야 하는 처지가 되었다. 농사가 축소되자 거름으로 요긴하게 쓰이던 동물의 분뇨도 무용해졌다. 수입은 감소했고 경쟁은 치열해졌다. 농부들은 점차 이익에 민감해져 갔다. 이제 그들에게 구제역이 치유되는 보름 동안의 '사료 소비'와 '생산량 감소'는 더 이상 가벼운 문제가 아니었다.

그런 상황 속에서 의회 의원이자 영국 왕립농업학회 회원으로 막대한 영향력을 떨치던 종축업자들은 혈통이 좋은 고가의 동물을 해외로 수출하고 있었다. 그런데 영국 내에서 발생한 구제역으로 인해 동물의 수출에 지장이 생기자 그들은 조속한 수출 재개를 위해 구제역에 감염된 동물을 살처분하도록 영국 정부에 압박을 가했다. 결국 1892년 〈가축질병법〉이 제정되면서 구제역에 대한 공식 대응책으로 살처분이 채택되었다.

구제역은 그대로였으나 상황이 달라진 것이다. 결국 구제역은 질병의 위험성이 아니라 경제적 위험성 때문에 살처분 명부에 오르게 되었다.

살처분 정책을 택한 영국과는 달리 독일에서는 세균학자 프리데리히 뢰플러Friedrich Löffler가 처음으로 구제역 혈청을 만드는 방법을 개발했다. 이후 1938년에는 사용 가능한 백신이 개발되었다. 백신 개발 이후 서유럽에서는 매몰 정책과 백신 정책을 병행했다.

1960년대 초까지만 해도 서유럽 전역에서 구제역이 빈번하게 발생했다. 그러나 지속적인 백신 접종 정책으로 구제역은 차츰 줄어들었다. 1970년대 중반 구제역이 거의 사라지자 서유럽 국가들은 구제역 통제에 자신감을 얻었다. 그들은 해마다 들어가는 백신 비용을 절감하기 위해 백신 접종을 금지하고, 구제역에 걸린 동물을 살처분하는 정책으로 전환했다. 자연스럽게 수입 규제가 강화되었다. 그러자 세계동물보건기구(OIE)는 구제역에 대한 국제적인 표준대응으로 살처분을 권고했다. 1999년 우리 정부는 관련 법을 개정하면서 세계동물보건기구의 국제 규약과 외국 관례 등을 바탕으로 살처분을 구제역 박멸을 위한 기본 모델로 채택했다.

'사료 소비', '생산량 감소', '수출 제한', '비용 절감'.

살처분 정책 어디에도 생명에 대한 배려는 없었다. 인류가 아끼고 지킨 것은 오직 시간과 비용뿐이었다. 슬픔과 수치가 밀려들었다.

구제역 살처분에 관한 해외 사례를 뒤적이다 살처분 종주국인 영국의 최근 구제역 사태에 대해 알게 되었다. 2001년 2월 19일 영국 남동부 에식스 주의 한 도축장에서 돼지 27마리가 구제역 증상을 보였다. 다음 날 확진 판정이 나왔을 때에는 이미 57개 농장에서 의심 증상이 나타나고 있었다. 그러나 확진 나흘 뒤에야 가축 이동 제한 조치가 내려졌다. 영국은 1967년 이후 34년 만의 구제역이었다. 당시 영국 정부가 가지고 있던 방역 매뉴얼은 농장 10곳에서 구제역이 동시 발병했을 경우를 상정한 것이 전부였다. 영국 정부에게는 새로운 방역 대책이 필요했다. 영국 내각 상황실은 구제역에 감염된 가축을 24시간 내에 도살하고 감염 지역으로부터 3킬로미터 이내에 있는 우제류(소, 돼지, 양 등 발굽이 짝수인 동물)를 48시간 내에 없애기로 결정했다. 이는 컴퓨터 프로그램을 이용한 계산 결과였다.

영국 정부는 산업 구조의 변화를 간과했다. 교통의 발달과 산업 구조의 변화로 가축 수송 빈도는 높아졌고, 이동 반경 역시 넓어졌다. 이 같은 맹점으로 인해 전례 없이 강도 높았던 예방적 살처분 정책에도 불구하고 전염병은 순식간에 영국 전역으로 퍼졌고, 아일랜드, 네덜란드, 프랑스 등 주변국으로까지 번져 나갔다.

당시 영국이 택한 살처분 방법은 매몰이 아닌 소각이었다. 안락사시킨 가축을 들판에 쌓아놓고 태웠는데 미처 숨이 끊어지지 않은 돼지들이 깨어나 몸에 불이 붙은 채 날뛰었다. 그 모습이 언론에 보도되면서 살처분의 잔혹함이 도마에 올랐다.

백신 접종 여론을 무시하고 프로그램 결과에 매달린 채로 살처분만을 고집하던 영국 정부는 9개월 동안 무려 600만여 마리의 양과 돼지, 소를 죽인 끝에 겨우 구제역을 종식시켰다. 당시 영국 정부의 지출액은 약 4조 원, 농가 등 민간 피해는 약 8조 원으로 추정되었다. 거기에 매몰되는 가축의 모습이 언론에 보도되면서 외국인 관광객이 크게 줄어 부차적인 경제 피해가 약 3조 원에 육박했다.

영국의 참담한 실패를 목격한 뒤 대부분의 OECD 국가들은 예방적 살처분 대신 발병 농가의 동물만 살처분해 왔다. 그러나 그로부터 9년 후 우리 정부는 영국 정부의 실책을 고스란히 재현하는 기행을 선보였다.

2010년 겨울, 정부의 강도 높은 예방적 살처분 정책에도 불구하고, 구제역 바이러스는 들불처럼 퍼져 나갔다. 구제역이 급속도로 확산되면서 양성 판정을 해 줄 전문 인력조차 모자랐다. 급기야 의심 신고만으로도 살처분 명령이 떨어졌다. 한 농가가 살처분 대상이 되면 발생 농가를 중심으로 지도 위에 반경 3킬로미터의 죽음의 링이 그려졌다. 농가의 위치, 도로 상황 등 질병 확산 위험도에 대한 별도의 분석 없이 일률적으로 살처분 명령이 떨어졌다.

그로 인해 파묻어야 할 동물의 수는 기하급수적으로 늘어났다. 현장에서는 시간도, 인력도, 장비도 턱 없이 부족했다. 결국 몸집이 크고 숫자가 적은 소는 약물 주사로 안락사시켰고, 숫자가 많은 돼지는 산 채로 파묻었다. 엎친 데 덮친 격으로 조류독감까지 퍼져 나갔다.

더 이상 살처분 정책만으로는 구제역을 컨트롤할 수 없다는 여론이 들끓었다. 정부는 구제역이 전국으로 퍼진 지 한 달여 만인 12월 25일, 소에 대해서만 제한적으로 백신 접종을 실시했다. 그래도 구제역이 걷잡을 수 없이 퍼져 나가자 2011년 1월 13일, 돼지도 구제역 백신 접종을 하겠다는 내용을 발표했다. 그러나 백신 수급 문제로 인해 1월 30일이 되어서야 전국의 축산 농가에 1차 백신이 배부되었다. 백신 정책의 핵심이 예방이라는 점을 떠올리면 한심한 처사였다. 결국 자비도 한계도 없는 대량학살로 145일 동안 국내 돼지의 34퍼센트인 331만 마리의 돼지와 국내 소의 5퍼센트인 15만 마리의 소를 포함해 총 347만 9,962마리의 동물들이 파묻혔다.

어떤 사람들은 구제역 예방적 살처분에 반대하는 것을 감상주의로 쉽게 폄하한다. 일제강점기였던 1926년부터 1934년 사이 국내에 구제역이 돌았다. 살처분 정책도 백신 투여도 없었지만, 당시 구제역 회복률은 97.5퍼센트였다. 오늘날 수의학의 발달을 고려한다면 회복률은 훨씬 더 높을 수 있을 것이다. 동물이나 사람에게 별로 심각한 영향을 주지 않는 경미한 축에 속하는 전염병 때문에 영국과 우리 정부가 저지른 참상과 결과를 차근차근 되짚어 보라. 구제역 예방적 살처분 정책에 대한 찬반은 도덕과 이성의 충돌이 아니다. 이성과 이성을 가장한 비이성, 이성과 기계적 합리성의 충돌이다.

2010년 당시 우리 정부는 왜 영국의 실수를 그대로 되풀이했을까? 대체 왜 그토록 백신 접종을 머뭇거렸을까? 세계동물보건기구의 가이드라인에 따르면 만약 살처분만으로 구제역을 종식시킨다면 마지막 구제역 발생 3개월 후 세계동물보건기구에 구제역 청정국 지위를 신청할 수 있다. 그런데 백신을 이용해 구제역을 종식시키면, 최소 2년 동안 구제역이 발생하지 않아야만 세계동물보건기구에 백신 사용 청정국 지위를 신청할 수 있다.

구제역 청정국? 그것은 육류의 수출입과 관련된 개념이다. 구제역 청정국은 청정국끼리만 교역한다. 청정국 지위를 상실하면 수출할 수 있는 국가에 제한이 따르고, 동시에 청정국이 아닌 국가로부터 수입 압력을 받게 된다.

그렇다면 우리는 2년 동안 도대체 얼마나 막대한 경제적 손실을 입게 되는 것일까? 2010년을 기준으로 보면 우리나라의 소고기, 돼지고기 해외 수출액은 연간 22억 원 수준이었다. 구제역 청정국 지위를 상실했으니 추가로 발생하는 24개월간의 수출 손실액은 대략 44억 원 정도로 추산되었다. 우리는 그해 겨울, 구제역 살처분 정책으로 정부 추산 2조 7,383억 원을 사용했다. 살처분에 투입된 사람들의 정신적인 피해, 대규모 생매장으로 인한 침출수 유출 등 2차 환경오염으로 인한 피해까지 고려한다면 피해액 산정은 사실상 불가능할 정도다. 대체 어디가 효율적이고 무엇이 경제적이란 말인가?

그렇다면 수입 압력은 어떨까? 정부의 발표에 따르면 한우 시장은 워낙 견고해 수입국이 늘어난다 해도 수입육 간의 경쟁이 치열해지는 정도로 마무리될 것으로 전망되었다. 돼지고기는 FTA에 의해 25퍼센트의 관세가 부과되면 국산 돼지고기에 비해 가격 경쟁력이 떨어지기 때문에 우려할 만한 상황이 아니었다. 정부는 이런 자체 데이터에도 불구하고 막연히 구제역 청정국 지위 유지에 집착한 나머지 백신 접종 같은 효과적인 방역 정책을 신속하게 활용하지 못했다.

물론 앞으로는 2010년 겨울과 같은 사태는 벌어지지 않을 것이다. 생명윤리 때문이 아니라 비용 때문이라도 정부는 그런 어리석은 짓을 되풀이하지 않을 테니까. 실제로 2010년 겨울 이후 정부는 백신 접종을 실시하고 있다. 방역 매뉴얼을 새로 만드는 등 시스템 정비에도 나섰다. 하지만 그 정도로는 마음을 놓을 수 없다.

과거와 비교할 수 없을 정도로 축산업의 규모가 커졌고 질병 확산의 위험도 또한 높아졌다. 만약 검역원의 발표대로 구제역이 매번 해외에서 유입되고 있다면 구제역 상시 발생국인 중국, 동남아시아 등의 국가들과 인적·물적 교류가 꾸준히 증가하고 있는 상황에서 공기 전파가 가능한(구제역은 바람, 물, 흙, 분뇨, 차량, 새, 파리, 심지어 냉동된 동물의 골수에서도 몇 개월을 살아남아 구제역을 전염시킬 수 있는 바이러스

다) 구제역 바이러스를 원천 봉쇄하는 것이 현실 가능한 일일까? '구제역 청정국' 지위에 연연해 살처분 정책을 고집하기보다는 바이러스 통제의 가능성과 한계에 대한 근본적인 재검토가 필요하다.

내가 구제역과의 공존 가능성에 대해 묻자 한 전문가가 '구제역 청정국' 지위 유지는 곧 그 나라 방역 시스템의 수준을 드러내는 것으로, 구제역 같은 전염병조차 통제하지 못하는 모습을 보이는 것은 OECD의 일원인 우리나라의 위신을 떨어뜨리는 일이라고 일축했다. 머리끝까지 화가 치밀었다. 우리나라는 OECD 회원국 중 2003년부터 2017년까지 14년 연속 자살률 1위다. 산업재해 사망률도 1위, 그밖에도 가계부채, 남녀 임금격차, 노인 빈곤율, 최저임금, 근무시간, 이혼 증가율, 낙태율, 사교육비 지출 등 불명예스러운 1위가 차고 넘친다. 건강한 동물을 파묻는 것 외에도 국가의 위신을 끌어올릴 영역은 무궁무진하다.

죽음 없는 무덤

한낮의 여름 햇살은 인정사정없이 뜨거웠다. 끈적끈적한 여름 공기가 살갗에 휘감겼다. 길도 없는 풀숲을 헤치며 야산으로 들어가니 경고 표지판이 장승처럼 서 있었다. 뒤로 거대한 매몰지가 보였다. 멀찌감치 서서 매몰지를 가만히 바라보았다. 가족 묘지처럼 잔뜩 부풀어 오른 봉분들이 여기저기 흩어져 있었고, 군데군데 관이 꽂혀 있었다.

어렵게 찾았건만 매몰지에 다가갈 엄두가 나지 않았다. 구제역은 동물에게 치명적인 병이 아니다. 수지타산을 맹신하는 인간의 병이다. 기분이 침울하게 가라앉았다. 나는 지금 여기서 무얼 하고 있는 것일까? 어처구니없는 이유로 학살당한 동물들의 무덤에 와서, 고작 오염의 흔적이나 찾고 있다니…. 바람도 없는데 풀잎이 흔들렸다. 여기저기서 나뭇잎도 수런거렸다. 새들이 짧은 교성을 질러댔다. 모두가 나를 비웃는 것 같았다.

매몰지 주변을 서성이다 죽은 새를 보았다. 평소의 나라면 기겁했을 텐데 그날은 이상하리만치 겁이 나지 않았다. 서서히 사라져 가는 새

의 흔적을 보며 '죽음에도 격이 있구나.' 담담하게 그런 생각을 했다.

살아 있는 모든 존재는 유한하다. 누구도 죽음의 그림자를 피해 갈 수 없다. 그런 점에서 살처분은 죽음의 문제라기보다는 존엄의 문제다.

존엄?

그렇다. 모든 생명은 존엄하다. 생명의 가치는 돈으로 환산할 수 없다. 우리의 도덕적 직관은 그렇게 말한다. 하지만 현실은 그렇지 못하다. 생명의 존엄도 경제 논리를 완전히 벗어나지 못한다. 농장동물에게는 애초에 잉태가 없었다. 그들은 생산되고 소비되고 폐기될 뿐이다.

죽음 없는 무덤들.

슬픔이 온몸을 훑고 지나갔다.

그해 겨울 구제역 신고 건수는 153건이었다. 소 97마리, 돼지 55마리, 염소 1마리를 더한 수였다. 그러나 그해 겨울 우리는 347만 9,962마리의 동물을 파묻었다.

그중 실제로 구제역에 걸린 동물은 몇 마리였을까?

만약 처음부터 살처분이 아닌 백신 정책을 채택했더라면 어땠을까? 농민은 동물을 살뜰히 보살피고, 수의사들을 살처분이 아닌 진료에 투입했다면 어땠을까? 차라리 당시 정부가 아무것도 하지 않았더라면!

네가 저지른 짓, 네가 책임져야 할 일을 보아라. 너 또한 그
들의 죽음에 책임이 있다.

읽고 있던 책을 떨어뜨렸다. 살처분과는 전혀 무관한 책이었는데도,
마치 나를 비난하는 것처럼 느껴졌다. 그동안 스스로를 이 사건의 목
격자, 증언자라고 생각해 왔다. 그런데 문득 스스로가 이 사건의 공범
이라는 생각이 들었다.

미필적 고의.

내가 동의한 적 없지만 살처분은 우리의 이름으로 저질러졌다. 우리
의 세금으로 자행된 일이며, 육식자인 나 또한 그들의 죽음에 책임이
있다. 나 역시 값싼 고기를 생각 없이 먹지 않았던가. 좋든 싫든 이 체
제에 일조한 셈이다. 곤혹스러웠다. 육식자로서의 죄의식이 목을 휘감
았다. 매일 내가 저지른 범죄의 현장을 찾아가는 참담한 심정이 되었
다. 매몰지 앞에 서면 살아서 숨을 쉬고 있다는 것만으로도 죄를 짓는

것 같았다.

녹초가 되어서 집으로 돌아올 때면 수시로 사이드미러를 힐끔거렸다. 동물들이 줄 지어 나를 따라오는 것만 같았다. 동물의 그림자가 밤새도록 내 방 창문 앞을 서성였다. 슬프고 우울한 날들이었다.

고기는커녕 김치찌개도 달걀말이도 마음 편히 먹을 수 없었다. 햄이나 우유, 치즈만 봐도 속이 울렁거렸다. 멸치볶음조차 멸치 무덤으로 보였다. 몸이 볼품없이 말라 갔다. 체력과 면역력이 급속도로 떨어졌다. 몸 여기저기가 삐거덕거렸다.

모든 생명체는 태양과 땅, 물, 그외에 다른 생물들에게 빚을 진다. 자기가 쓸 에너지를 직접 만드는 건 식물뿐이다. 사슴을 잡아먹는다고 사자의 도덕성을 비난할 수 없다. 육식은 그 자체로 좋은 것도 나쁜 것도 아니다.

그런데 왜 육식이 범죄처럼 느껴지는 것일까?

동물의 사정

'암소, 암돼지 전문'

집으로 돌아오는 길, 식당 앞에 커다랗게 붙여 놓은 문구가 눈에 들어왔다. 수컷은? 곧바로 차를 세우고 검색해 보았다.

> 돼지 수컷들은 특유의 냄새 때문에 태어나자마자 마취도 없이 거세를 당한다. 수평아리들은 알을 낳지도 못하고, 암컷보다 움직임이 많아 살찌는 속도가 느리다는 이유로, 태어나자마자 갈려서 다른 동물의 사료로 쓰인다.

저절로 신음이 새어 나왔다.

그렇다고 암컷이라고 딱히 사정이 나은 것도 아니었다. 어미 돼지의 임신 기간은 4개월이다. 어미 돼지는 열악한 환경 속에서 2년 동안 강제적으로 평균 다섯 차례의 임신과 출산을 반복한다. 출산 후 휴식기인 한 달간은 평균 10마리의 새끼에게 젖을 먹여야 한다.

새끼는 태어나면 곧바로 송곳니가 뽑히고, 꼬리는 20~30퍼센트만 남기고 잘린다. 밀집 사육의 스트레스로 서로의 꼬리를 물어뜯는 일이 흔히 발생하기 때문이다. 축사는 새끼 돼지들이 태어나서 출하되는 6개월 동안 한 번도 청소되지 않는다. 변변한 창문조차 없는 공간에 6개월 동안 쌓일 분변의 양을 생각하면 아찔해진다. 엄청난 양의 악취와 독성, 유해균이 발생할 수밖에 없는 구조다. 설상가상으로 돼지의 후각은 인간보다 100배는 뛰어나다.

돼지는 원래 땀샘이 없다. 그래서 체온을 낮추기 위해 몸에 흙을 묻히는 습성이 있다. 한데 축사의 시멘트 바닥에 있는 것이라고는 자기들의 배변뿐이다. 결국 돼지는 제 몸에 제 똥을 바르며 더위를 식힌다. 돼지는 원래 잠자리와 배변 장소를 가리는 깔끔한 동물이다. 이쯤 되면 돼지가 미치지 않는 게 이상할 정도다.

다른 가축의 사정도 별반 다르지 않다. 동물은 꼼짝달싹 못하는 좁은 공간에서 단지 고기가 되기 위해 밀집 사육된다. 현행법상 농장동물은 소유자의 재산으로, 물건과 동급이다. 그들이 생명임을 망각한 법 제도 아래서 동물은 그저 단백질을 공급하는 기계 혹은 상품으로 취급될 뿐이다.

표준화된 도축 시설의 규격에 맞추어 국내의 모든 돼지는 115킬로그램의 규격돈으로 출하된다. 닭은 무게에 따라 5호부터 17호로 나뉜다. 5호는 500그램, 6호는 600그램이다. 이런 식이기 때문에 공장식 축산의 지상 최대 목표는 최단 시간 내에 체중을 최대로 늘리는 것이다. 동물에게는 본래 그들이 먹던 채소 대신 살이 더 빨리 찌는 옥수수와 동물성 사료가 제공된다. 유전자 조작 옥수수와 출처를 알 수 없는 동물성 사료에는 항생제가 섞여 있다. 주기적으로 주입되는 항생제는 치료 목적보다는 성장 촉진의 목적으로 활용된다. 사료 1톤에 항생제 2~3킬로그램만 섞어도 성장 속도가 50퍼센트 증가한다. 이런 연유로 지구에서 생산되는 항생제의 80퍼센트가 농장동물에게 쓰인다.

좁은 공간에 갇혀 살을 찌우는 사료만 먹고 자란 동물은 덩치만 클 뿐 건강하지 못하다. 하지만 동물의 건강은 고려 대상이 아니다. 소 2~3년, 돼지 5~6개월, 닭은 35일, 출하되는 그 순간까지 숨만 붙어 있으면 도축이 가능하다.

인간이 고기를 먹는 건 자연스러운 일인지 모른다. 그러나 고기를 얻기 위한 이 모든 과정을 먹이사슬에 의한 자연의 섭리라고 말할 수 있을까.

살처분 당시 구덩이에 내던져진 돼지들은 자기들에게 무슨 일이 닥친지도 모른 채 태어나 처음으로 밟아 보는 흙과 깨끗한 공기를 맡으며 즐거워했다는 누군가의 기억이 내 뒷덜미를 잡았다.

농장동물에게도 태어난다는 것은 축복일까?

그들에게도 사는 게 죽는 것보다 나을까?

고약한 질문이 창과 검이 되어 나를 벼랑 끝까지 몰아세웠다. 인간은 동물에게 생명이 아니라 지옥을 주었다. 동물도 감정이 있고 감각을 느낀다. 그들이 살아 있는 동안만이라도 제대로 된 삶을 누릴 수 있게 해 줘야 한다. 육식자라고 해서 동물이 불필요하게 겪는 고통과 괴로움, 학살에까지 동의한 것은 아니란 말이다.

다시, 구제역

2014년 여름, 다시 구제역이 발생했다. 가슴이 철렁 내려앉았다. (그 때만 해도 해마다 구제역이 발생할 거라고는 상상도 못했다.) 2010~2011년 구제역 사태를 겪은 후 모든 농가에서는 구제역 백신을 접종하고 있었다. 그런데 어떻게 구제역이 다시 발생했을까?

정부는 두 가지를 원인으로 꼽았다.

첫째, 축산 농가의 방역 시설 부족과 운영 미비.

실제로 한우 축사의 경우 차량 소독기를 보유한 농가 비율이 26퍼 센트 수준이며, 신발 소독조, 펜스, 차량 세척 시설이 매우 미흡하다는 보고가 이어졌다.

둘째, 축산 농가의 도덕적 해이.

축산 농가가 전염병 증상을 확인하고도 정부로부터 보상금을 더 받기 위해 주변 농가가 신고를 해서 자신의 농장이 예방적 살처분 대상이 될 때까지 발병 사실을 숨겼다. 〈가축전염병 예방법〉상 구제역 발생 농가에는 손실액의 80퍼센트, 예방적 살처분이 이뤄진 미발생 농가에는 100퍼센트의 보상금이 지급된다. 뿐만 아니라 백신 접종이 번거롭고 간혹 접종 부위에 화농이 생겨 상품성이 떨어진다는 이유로 농가에서 백신 접종을 꺼렸고 그로 인해 항체 형성률이 저조했다.

이에 축산 농가는 즉각 반발했다.

농가에서는 매번 구제역 바이러스가 공항·항만을 통해 해외로부터 유입되고 있는데도 정부가 출입국 관리 등 국경 검역에 소홀하다고 비난했다. 구제역 바이러스는 해외 여행객의 신발이나 휴대 축산물, 수입 건초, 외국인 근로자 등을 통해 국내로 들어오는 것으로 추정하고 있다. 또한 정부에서 공급하는 백신의 객관적인 효능에도 문제를 제기했다.

농가에서 지적한 것 이외에도 전염병을 예찰하는 방역관이 인력 부족을 핑계로 농장이 제공하는 동물만 검사하거나 전염병 발병 여부를 구두로만 확인하는 경우가 대부분이라는 지적도 나왔다. 방만한 시스템과 개개인의 이기심이 얽히고설켜 백신 정책에도 불구하고 구제역이 다시 발생한 것이다.

비닐 아래

　우리 사회는 또다시 법과 제도의 이름으로 죄 없는 동물들을 파묻기 시작했다. 착잡한 심정으로 길을 나섰다. 부디 카메라를 꺼내 기록해야 할 무엇도 만나지 않기를 기도했다. 동물들에게 이미 끔찍한 짓을 저질렀다. 부디 자연만큼은 덜 다쳤기를 바랐다. 염치없지만 대지의 자정 능력을 믿고 싶었다.

　대부분의 매몰지는 여전히 비닐로 덮여 있었다. 대지에 재갈처럼 물려 있는 비닐을 보기만 해도 명치 끝에서 체증이 느껴졌다. 그나마 비닐 아래서 싱그럽게 자라난 풀들이 작은 위로가 되어 주었다. 고통을 잉태한 모진 땅에서 싹을 틔우고 무성하게 자라준 것이 여간 기특하고 고마운 게 아니었다.

　반가움은 그리 오래가지 못했다. 불에 탄 것처럼 새까맣게 변해 죽은 풀을 처음 보았을 때 나는 무슨 일이 벌어졌는지 전혀 알아차리지 못했다. 다음번 매몰지에서 끈적이는 액체를 토해 내며 기이하게 죽은 풀을 보았을 때에야 무언가 잘못되었음을 깨달았다. 전문가에게 다급히 물으니 땅 속의 유독 물질에 풀의 뿌리가 닿았거나, 땅 밑에서 피어 오른 유독 가스로 인한 변고 같다는 답변이 돌아왔다. 독을 내뿜는 땅이라니, 대체 매몰지는 지금 어떤 지경인 것인가.

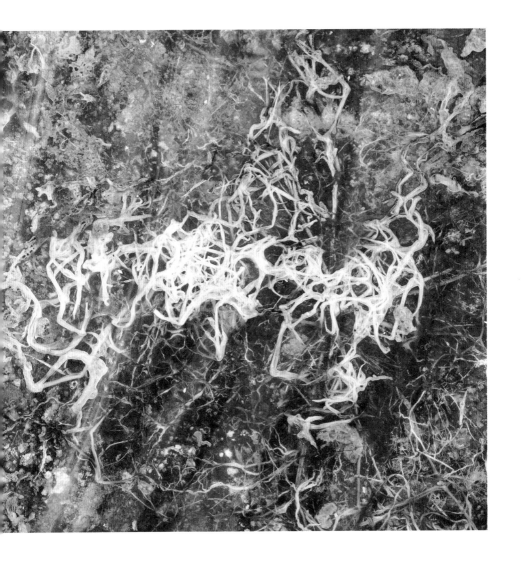

근면한 작물 재배

　　20곳 정도의 매몰지에서는 벌써 농사가 시작되었다. (2014년 감사원의 발표에 따르면 3년의 관리 기간이 끝난 경기도의 2,227곳의 매몰지 중 절반 이상인 1,273곳이 경작 등으로 사용되고 있었다.) 매몰지에는 더 이상 비닐도, 경고 표지판도 없었다. 그럼에도 불구하고 매몰지를 어렵지 않게 찾을 수 있었다. 여느 논·밭과는 확연히 다른 농작물 때문이었다.

　　옥수수가 무성하게 자라는 계절이었다. 주변의 밭에는 옥수수가 빼곡하게 자라는 데 반해 매몰지에서는 옥수수가 흐물흐물 짓물러 쓰러져 있었다. 밭 한 구석에 패대기쳐져 있는 매몰지 표지판이 밭 주인의 심경 같았다.

　　매몰지 바로 옆의 깨밭은 마치 트럭이 밀고 지나가기라도 한 것처럼 밭 가운데의 깨가 양옆으로 쓰러져 있었다. 매몰지에서 흘러나온 오염된 지하수 때문일까?

다시 사용되는 논도 몇 있었다. 벼는 제대로 자라지 못하거나 눈에 띄게 웃자랐다. 어떤 논에서는 벼와 잡초가 마구잡이로 섞여 자랐다. 논농사를 본격적으로 시작했다기보다는 논농사가 가능한지 시도해 본 것 같았다. 물이 찬 논에는 날벌레가 들끓고 있었다. 고작 날벌레인데도 더럭 겁이 날 정도로 엄청난 밀도였다. 지구 역사상 이렇게 많은 동물을 비닐에 넣고 봉해 버린 사건은 없었다. 우리는 이 잔혹하고 엽기적인 짓으로 지상에 없던 돌연변이를 만들어 내고 있는 것은 아닐까? 목이 저절로 움츠러들었다.

부메랑

충청북도 증평이었다. 야트막한 산 위로 계단식 밭이 차근차근 이어졌다. 온통 콩밭이었다. 콩잎이 무성해 발 디딜 땅이 보이지 않을 정도였다. 지도를 살피며 무심코 걷다가 철렁, 가슴이 내려앉았다.

사람의 그것과 너무나도 닮은,

돼지의 얼굴뼈였다.

놀란 가슴을 부여잡고 밭 하나를 더 올랐다. 반듯하게 일군 밭고랑이 텅 비어 있었다. 거뭇거뭇해진 땅에는 하얀 뼈가 촘촘히 박혀 있었다. 숨을 고르고 주변을 살펴보니 큰 뼈들이 밭 주변 여기저기에 흩어져 있었다. 밭을 일구면서 밖으로 내던진 모양이었다.

그해 겨울은 몹시 추웠다. 땅은 꽁꽁 얼어붙었고, 장비도 일손도 턱없이 부족했다. 시간 내에 파묻으라는 정부의 준엄한 명에 하는 수 없이 돼지를 얕게 판 구덩이에 대충 묻었다. 3년이 지났다. 정부의 매몰 지침을 제대로 지키지 않은 덕분(?)에 돼지들은 모두 흙으로 돌아갔다. 농부는 거뭇거뭇해진 땅이 다소 마음에 걸렸지만, 죽은 돼지들이 밭을 비옥하게 만들었으리라 믿고 콩을 심었다. 그런데 콩은 자라지 못했다.

콩은 공기 중의 질소를 활용할 수 있는 얼마 안 되는 작물이다. 그래서 본래 콩밭에는 질소 비료를 쓰지 않는다. 그런데 돼지 사체로 인해 밭의 질소 함량이 지나치게 높아졌다. 질소 과잉으로 인해 콩이 제대로 자라지 못한 것 같다는 게 전문가의 진단이다.

이 밭이 품은 문제는 질소의 과잉, 단지 그것뿐일까? 돼지 뼈로 가득 찬 밭을 일구는 농부의 마음은 어떤 것이었을까?

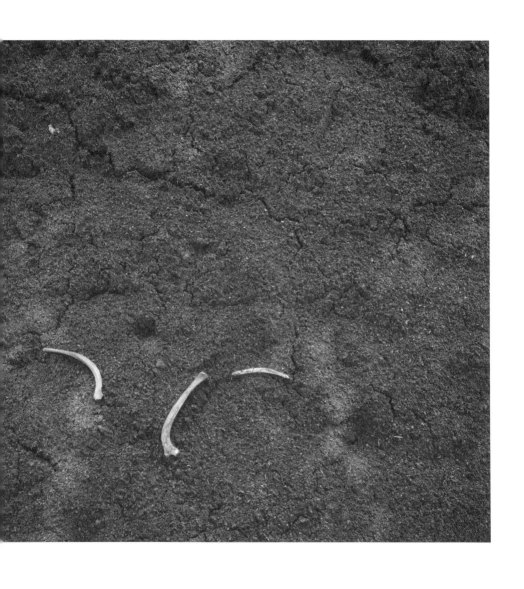

1년 뒤, 내가 처음으로 갔던 매몰지인 비닐하우스에 다시 찾아갔다. 부추를 키우고 있었다. 비닐하우스 입구에는 판매할 부추를 담을 상자가 가득 쌓여 있었다. 마음에 걸리는 것이 있어 작년에 찍은 사진을 꺼내 보았다. 그제야 알았다. 그때 드문드문 자라고 있던 풀이, 사실은 풀이 아니라 부추였다는 것을. 부추라고 하기에는 너무 작고 가늘어서 미처 알아차리지 못했던 것이다. 부추는 데치거나 끓여서도 먹지만 생으로도 무쳐서 먹는다. 이렇게 곰팡이 핀 땅에서 자란 부추는 누구의 식탁에 오르게 될까? 불안과 불감 위에서 펼쳐지는 근면한 작물 재배에 분노와 두려움이 일었다.

| 환 | 삼 | 덩 | 굴 |

매몰지를 찾아 전국을 헤매는 동안 끈질기게 나를 괴롭히던 풀이 있었다. 가시가 달린 덩굴식물이었는데, 옷이나 살갗에 엉겨 붙어 곧잘 상처를 내곤 했다. 가는 곳마다 기승을 부리기에 이름이라도 알고 당하자 싶어 사전을 뒤져 보았다.

환삼덩굴(위키백과)
훼손된 들에 흔히 자라는 덩굴식물.
다른 식물을 휘감아서 말라죽게 해 서식지를 넓혀 간다.
잎이 사람의 손바닥 모양이다.

치부라도 들킨 것처럼 얼굴이 화끈거렸다.

구제역은 전파 속도는 빠르지만 식품의 안전이나 인간의 건강은 전혀 위협하지 않는 비교적 경미한 질병이다. 우리는 그 사실을 알면서도 수지타산을 명분으로 수백만 마리의 동물을 땅에 파묻었다. 동물들은 고통 속에 죽어 갔고, 땅은 심각하게 오염되었다. 그리고 오염된 땅에서는 공공연히 농사가 시작되었다. 세상은 메마를 대로 메말라 막되어 가고 있었다.

어쩌면 우리는 이 땅에 우리들의 인간성마저 파묻어 버린 것은 아닐까?

수렁에 빠진 바위처럼 기분이 한없이 가라앉았다. 정부는 관료주의에 함몰되었고 업계는 이윤 추구에만 골몰하고 있다. 이런 구조 속에서 내가 무엇을 할 수 있단 말인가? 나 혼자 아무리 애를 써본들 세상은 달라지지 않을 거라는 비관적인 생각이 들었다. 그 틈을 비집고 동물들은 살처분을 면하더라도 어차피 도축장 신세라는 냉소적인 회의가 나를 좀먹었다. 점점 더 자신이 없어졌다. 어쩌면 자격도 없었다. 옳은 일을 하고 싶었지만, 내게 남은 것은 인간에 대한 혐오밖에 없었다.

인류는 옳은 것을 위해 일어섰고, 도덕을 위해 투쟁했다. 도덕적인 이유로 법을 만들기도, 폐지하기도 했다. 신념을 위해서 자신을 희생하고, 이웃을 걱정했다. 엄청난 과학적 발전을 이뤘고, 질병도 치료했다. 세계적인 예술가도 길러냈고 별을 향해 전진했다. 인간답게 행동하려고 애썼고 지성을 열망했다.

드라마 〈뉴스룸〉의 대사를 기도문처럼 외우며 지친 자신을 힘겹게 일으켜 세웠다. 우리가 잔인하고 오만한 독재자이자, 모든 종에게 위협적인 존재가 된 것은, 어쩌면 스스로에게 주어진 큰 힘을 조절하는 법을 배우지 못한 탓이다.

마음을 추스르고 다시 길을 나섰다. 매번 아슬아슬하리만치 긴장했지만 동물들의 절규를, 대지의 타전 소리를 전하고 싶은 마음이 더 커서 최대한 구석구석 자세히 살피려 애썼고, 마음에 걸리는 곳이 있으면 몇 번이고 다시 찾아갔다.

근접 촬영을 위해서는 몸을 잔뜩 낮추어야 했다. 사체 썩는 악취가 진동했다. 설상가상으로 온갖 벌레들이 들끓었다. 물컹거리는 매몰지에 삼각대를 세우는 일도 여의치가 않았다. 간혹 삼각대가 미끄러져 자칫 비닐이 뚫리기라도 하면 이러다 죽지 싶을 만치 독한 냄새가 뿜어져 나왔다.

마침내 100곳의 매몰지를 다 살폈다. 사진을 고르고 글을 썼다. 문장을 쓸 때는 최대한 감정을 절제하려고 애썼다. 어쭙잖게 누군가를 가르칠 생각은 없었다. 사실을 근거로 과연 이대로 괜찮은가 하는 조그마한 의문을 제기하고 싶을 뿐이었다.

《한겨레신문》에 투고를 했다. 분량이 많아 주간지인 《한겨레21》로 넘어갔다. 내가 보낸 사진과 글이 지면에 고스란히 실렸다. 《한겨레21》의 뉴스는 그대로 《허핑턴포스트》에 소개되었다. 이후 언론사에서 인터뷰 요청이 오면 성실히 임했다. 작가로 부르면 작가로 응했고, 제보자로 부르면 제보자로 응했다. 어디서건 자료 요청이 오면 원하는 만큼의 사진과 촬영 장소 등에 대한 부가 정보까지 꼼꼼하게 챙겨 보냈다. 이 사안에 있어서만큼은 작가로서의 자존심은 접어 두었다. 그저 외로운 부담감을 덜어낸 것에 감사했다.

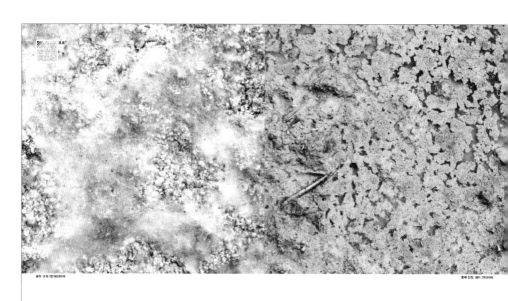

충주 오리 1만1800마리

충북 진천, 돼지 1776마리

그 땅에 묻다

올해 초 법정 발굴 금지 기간 해제된 구제역 · AI로 살처분된 가축들이 묻힌 땅. 문선희 작가의 시리즈 '묻다'

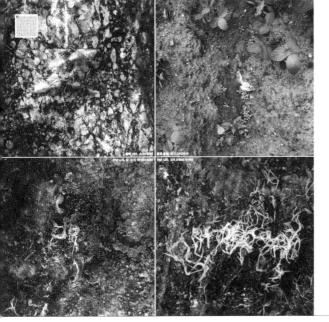

3년 전, 구제역과 조류인플루엔자(AI)가 전국으로 확산했고, 일본을 비롯한 대부분의 나라에서는 선량한 발생 농장에 있는 가축만 살처분하지만, 우리 정부는 확산하나 매몰 신고로 감시가 진행 중인 농장의 반경 3km 이내의 모든 가축까지 매몰처분으로 살처분했다. 그러나 비교학적으로 방심했던던 정부에도 불구하고 초기 방역에 실패했고, 구제역은 지나쳤어 가게에 쉽지 않고 대부분 보름 만에 회복될 수 있는 강이지만 바이러스처럼, 구제역 청정국 유지를 위해 전국 11개 시도, 75개 군에서 돼지 소 염소 사슴 350만 마리가 살처분됐고, 또한 AI의 확산을 막기 위해 살처분된 닭과 오리 400만 마리 중 99%는 '예방'을 위해 살처분된 건강한 가축이었다.

법과 지침에 따르면, 살처분은 인력이 뭐 매립 소규에 해당되도록 짧은 시간 안에 수백만 마리를 살처분하는 과정에서 대부분의 가축들이 산 채로 파묻혔다. 매몰지 조성 과 상태에도 매우 좋, 침출수 유출론, 가스 배출로 등 기본 시설을 오후는 지침조차 지키지 않은 곳이 많았다. 48000여 곳에 매몰되는 법적으로 3년간 분리됐고, 그동안 죽음이 내쉴른 몸은 땅에서 썩은 물 은 지하수가 논과 하천으로 흘러나왔고, 썩지 못한 사체들이 땅을 고트러났다.

70년대, 법정 발굴 금지 기간이 해제됐고, 잃혔었던 땅이 하나를 논으로, 밭으로, 축사로 되돌아오고 있다. 48000여 곳 몸 돌에 혼부서 100여 곳을 찾아가서 사진을 찍었고, 이 작업은 산 채로 매몰된 가축들과 함께 우리의 인간성마저 문혀버린 땅에 대한 기록이기다. 인간은 본래 대지에 속한 존재다. 그래서우리 문 땅이 멀 일에는 생명의 본질인 죽음이 밖어날 수는 없다.

둘해 보니시 발행한 구제역과 AC서는 2012년부터 약 2년 주기로 반복되고 있으니 살처분은 여전히 계속되고 그 뒤에 따른 매립지는 늘어나고 있다.

사진 글 윤인화 사진가

* 사진의 발행은 중스의 살처분된 기록 수를 사참하고 사전였다.

살처분이나 매몰지 문제는 관련 전문가나 관계자가 아니면 제대로 알기 어렵다. 설혹 전문가나 관계자라 해도 모든 것을 다 아는 것이 아니다. 게다가 그들 중 상당수는 발언 자체가 조심스러운 공무원이거나 정부 부처의 연구비가 절실한 전문가 집단이기 때문에 복잡한 이해관계에 얽혀 있었다.

모두가 살처분 문제의 진실을 전체적으로 조망할 수 있도록, 문제를 공론화하고 논의를 이끌어 내야 한다. 문제가 어려울수록 머리를 맞대야 한다. 국가란 국민들의 관심과 실천으로 경작되는 것이지 처음부터 완제품으로 주어지는 것이 아니다.

그런 마음으로 내가 할 수 있는 최선을 다했지만, 역시나 아무런 일도 일어나지 않았다. 언론에서는 내 사진과 글을 인용할 뿐이었다. 추가 취재는 없었다. 농림축산식품부도 환경부도 묵묵부답이었다.

이상한 일이다. 환경부는 왜 매몰지 조성에 따른 2차 환경오염 문제를 은폐하는 것일까? 애초에 자신들의 부주의로 생긴 문제가 아니다.

농림축산식품부에서 동물을 제멋대로 파묻어 버리고 책임을 전가했으니, 환경부는 사실상 피해 부처다.

환경부는 매몰지 관리 과정에서 나타난 온갖 환경 문제를 공론화해야 한다. 컨트롤하는 일이 사실상 불가능에 가까우니 이런 식의 가축 살처분을 멈출 방안을 모색하라고 농림축산식품부에 촉구해야 한다. 그러면 환경단체도 함께 싸워 줄 것이다.

환경부의 질타를 받으면 농림축산식품부도 입장 표명을 해야 한다. 구제역은 공기로도 전파될 정도로 전염성이 높은 바이러스인데, 우리는 유럽과는 달리 중국·동남아 등 구제역 상시 발생국과 가까이 있고, 인적·물적 교류도 지속적으로 확대되고 있다. 이런 상황 속에서 구제역 발병 자체를 원천 봉쇄하는 것은 사실상 불가능하다. 그러니 가축 살처분에 따른 경제적 손실과 살처분 과정에서 발생하는 인적 피해를 근거로 현행법과 제도 개선을 국회에 촉구해야 한다.

농림축산식품부는 세계동물보건기구에서 차용한 구제역 관련 법이 우리의 현실 여건에 맞지 않다는 근거와 자료를 그 누구보다 많이 가지고 있다. (내가 매몰지 관련 기사나 책에서 언급된 내용을 크로스 체크하기 위해 참고한 대부분의 자료는 농림축산식품부 연구 용역 과제의 결과물이다.) 그런데도 농림축산식품부는 왜 국회를 압박하지 않고, 문제를 개선하기보다 은폐하려는 것일까.

해가 바뀌고 새로운 봄이 왔다. 비닐 아래에 또다시 싱싱한 초록이 가득 차올랐다. 매몰한 지 4년이 지났으니 어쩌면 대지가 회복 중인지도 모른다는 기대감이 샘솟았다. 그러나 하룻밤 사이에 머리카락이 백발로 변해 버린 마리 앙투아네트처럼 며칠 사이에 비닐 아래의 풀들은 새하얗고 투명하게 말라죽어 버렸다. 귀엽게 고개를 내밀던 노란 꽃망울도 흔적 없이 사라졌다. 무릎이 꺾였다.

아직 여기 동물이 있다. 대지는 삼킨 죽음을 토해 내고 싶어 한다.
독한 술이라도 삼킨 것처럼 온몸이 확 달아올랐다.

전시를 준비하는 비용이 만만치 않았다. 그래서 전시 공간을 지원해 주는 공모에 몇 차례 응모했다. 다행히 금호갤러리의 청년작가 공모에 당선되어, 조금이나마 부담을 덜었다.

전시 직전까지 추가 촬영을 했다. 더 가까이 다가가기 위해 더 깊은 심도를 표현할 수 있는 4×5 포맷의 대형 카메라를 구입했다. 필름이 서울과 광주를 오갔다. 현상과 스캔, 테스트 프린트를 수차례 반복했다. 프린트는 서울에서, 액자는 광주에서 으뜸인 곳에 맡겼다. 액자는 관 짜듯이 정성껏 해달라고 당부했다. 도록은 수작업으로 100권을 제작했다. 내가 할 수 있는 최고, 최선의 정성을 들였다.

전시 준비가 한창이던 2015년 5월, 국내에서 첫 메르스 환자가 발생했다. 중동을 방문한 감염자가 국내에 입국해 확진 판정을 받기 전까지 헤매고 다녔던 병원마다 바이러스가 전파되었다. 첫 확진자가 나온 지 한 달도 되지 않아 감염자가 100명을 넘어섰다. 폭발적인 감염자 수로 전 세계의 이목이 집중되었다. 정부는 메르스가 빠르게 퍼져 나가는 데도 감염자가 경유했거나 확진되었던 병원 명단을 감추는 데 급급했다. 국민들의 분노가 걷잡을 수 없이 커지자 정부는 뒤늦게 24개 병원의 명단을 공개했다.

정부가 정보 공개를 늦춘 탓에 메르스는 엄청난 속도로 퍼져 나갔다. 메르스 감염의 97퍼센트는 병원에서 일어났다. 삼성서울병원에서는 80명이 넘는 감염자가 나왔다. 세계적으로 유례가 없는 10대 환자와 임신부 감염자까지 발생했다. 한 달 만에 27명이 사망했다.

메르스로 인해 격리를 경험하거나 격리된 사람이 1만 명에 달했다. 격리 수용이 가능한 공공의료기관이 턱없이 모자라 대부분의 사람이 자택에 격리되었고, 동네 전체가 격리되는 초유의 사태도 벌어졌다. 7월 5일까지 총 47일간 186명의 환자가 발생했고, 38명이 사망했다.

환자의 기침으로도 바이러스가 공기 중을 떠돌고, 환자의 오염된 손이 거친 곳이 모두 전염병 위험 지역이라는 사실이 밝혀졌다. 메르스의 공기 전파 가능성이 보도되자 사람들은 외출을 삼갔다. 메르스는 백신이 없어서 사람들이 할 수 있는 일이라고는 마스크를 착용하고, 외출 후에 손을 씻는 것뿐이었다. 한국 여행 자제령이 내려져 외국 관광객이 급속도로 줄었고, 전국적으로 각종 대규모 행사가 취소되었다. 거리는 전에 없이 한산했다.

이제 인간의 차례인가? 싸늘한 기운이 목덜미를 감쌌다. 그때 갤러리 측에서 연락이 왔다. 메르스로 1, 2, 3관의 대관이 모두 불발되었으니 전관을 다 사용해도 좋다는 내용이었다.

묻다

메르스의 여파로 전시장은 한산한 편이었다. 무심코 전시장에 들어온 사람들은 자신이 보고 있는 것이 무엇인지 짐작조차 하지 못했다. 근접 촬영으로 확보된 추상성과 매몰지에서 일어난 낯설고 기이한 현상 때문이었다. 현대미술의 추상성과 난해함에 익숙한 관람객들은 별 거부감 없이 전시장을 둘러보았다. 누군가는 이미지 옆에 적힌 숫자들을 보며 "가격이야?" 하고 낄낄대기도 했다. 어떤 이들은 자연이 발산하는 다채로운 컬러에 매료되어 인증샷을 찍었고, 몇몇은 난생처음 보는 장면 앞에서 한참을 머무르며 그것이 무엇인지 알아내려고 애를 썼다. 전시장을 한 바퀴 돌아 나가는 길에서야 그들은 내가 적어둔 글을 읽을 수 있었다.

이 사진들은 구제역과 조류독감 매몰지 3년 후를 촬영한 것이며, 제목으로 쓰인 숫자들은 그 땅에 묻힌 동물들의 수입니다.

글 앞에 선 사람들은 하나같이 화들짝 놀랐다. 그제서야 사람들은 전시 제목인 〈묻다〉의 의미와 자신들이 들여다 본 것이 무엇인지를 깨달았다.

제목의 중의성, 이미지의 추상성, 호기심을 자극하는 숫자, 출구에 적힌 뜻밖의 진실. 이 모든 것은 철저히 계획된 플롯이었다. 전시장에 걸린 것은 매몰지의 실태를 담은 기록 사진이었지만 나는 관람객들이 사진을 통해 단지 새로운 정보를 얻는 것이 아니라, 전시 구성을 통해 우리 사회가 은폐한 진실을 경험하길 바랐다.

관람객들은 어떤 반응을 보일까? 생각지 못한 경험에 불쾌해하지는 않을까? 야심차게 준비했지만 역시 좀 걱정이 되었다. 마지막 문장 앞에선 관람객들은 대부분 생각에 잠긴 얼굴이 되었다가, 이내 전시장을 다시 한 번 둘러보았다. 처음과는 사뭇 다른 태도였다.

"숫자의 의미를 알고 깜짝 놀랐습니다. 그 후로 어찌 되었나 걱정스러웠는데…."

"우리가 무슨 짓을 저지른 건지…. 많은 것을 생각하게 되네요."

선량한 사람들의 촉촉해진 눈망울을 보니 코끝이 시큰해졌다. 생각보다 많은 사람들이 동물들에게 미안해하고, 병든 대지를 걱정하고 있다는 사실을 알게 되었다. 그늘진 마음에서 모락모락 희망이 피어 올랐다.

그녀의 아버지

허락된 전시 기간 동안 참회하는 마음으로 공간을 가득 채운 고통과 슬픔, 비극 속에서 고독한 시간을 보낼 작정이었다. 그런데 뜻밖에도 점점 더 많은 관람객이 전시장을 찾았다.

"이 문제에 관심을 갖게 된 특별한 사연이라도 있나요?"

전시를 천천히 둘러보던 손님이 내게 다가와 조심스럽게 물었다.

"개인적인 사정 같은 것은 없었어요."

나는 나지막한 목소리로 트럭 위에서 구덩이로 내던져지던 돼지들이 공중에서 파닥거리며 내지르던 비명, 뒤뚱뒤뚱 달려가던 오리들이 후드득 구덩이로 굴러떨어지던 뉴스 장면과 그때 받은 충격에 대해 이야기했다. 그녀는 그런 나를 물끄러미 응시했다.

"작년에 우연히 3년이 경과한 매몰지는 사용 가능한 땅이 된다는 이야기를 들었어요. 그렇게 많은 동물을 파묻었는데 그게 가능할까? 가능하다고 해도 하지 말았으면 하는 그런 마음이었어요. 동물에 대한 예의가 아니라고 생각했거든요."

그녀는 살짝 고개를 끄덕여 보였다.

"미안한 마음과 걱정스러운 마음에 집 근처 매몰지를 찾아갔어요. 놀랍게도 그때까지 오리 냄새가 나더라고요. 내 딴엔 용기를 내어 비닐하우스 안으로 들어갔는데, 멀쩡해 보이는 땅이 죄다 물컹물컹하더라고요. 깜짝 놀라서 그대로 도망치고 말았어요. 근데 그게 또 못내 마음에 걸려서 거길 다시 갔어요. 갔더니 땅에 온통 곰팡이가 피어 있더군요. 마치 땅이 통째로 썩고 있는 것처럼 보였어요. 너무 충격적인 일이라 혼자만 알고 넘어갈 수가 없었어요. 다른 곳도 걱정스러웠고요. 그래서 전국을 돌아다녔어요. 처음에는 사태의 심각성을 파악하고 문제가 있으면 알려야겠다는 정도의 마음이었어요."

그녀가 내 말에 귀 기울이는 모습에서 나는 그녀와 내가 진심으로 연결되었다는 느낌을 받았다. 그래서인지 나도 모르게 속마음이 줄줄 새어 나왔다.

"그것만으로는 부족하더라고요. 내 마음을 가득 채운 고통과 슬픔을 풀어내기에는. 불현듯 이 모든 게 거대한 은유처럼 느껴졌어요. 우리 사회 시스템의 작동 방식과 방향에 질문을 던지는, 거대한 은유. 그리고 뭐랄까, 아직 제 역할이 더 남아 있다는 막연하지만 강렬한 느낌이 들었어요. 그래서 전시를 준비하게 되었어요. 참혹하게 죽어 간 동물들, 신음하는 대지, 그 땅에 깃들어 고통받는 모든 존재들 그리고 상처 주고 동시에 상처 입은 우리들의 '인간성'을 위한 제의로요."

부끄럽게도 살짝 목이 멨다.

"우리 아버지는 제가 어릴 적부터 오리 농장을 하셨어요. 평생 농장을 하셨기 때문에 농장 규모도 꽤 큰 편이었어요. 그해 겨울에 우리 농장에서도 정부의 명령에 따라 키우던 오리들을 모조리 파묻어야 했어요. 아버지는 그때 충격으로 치매에 걸리셨고, 그 후로 얼마 못 사시고 돌아가셨어요."

그런 이야기를 듣게 되리라고는 상상도 하지 못했다. 혹시 겨우 추스른 그녀의 상처를 건드린 것은 아닌지 두려웠다.

"우리 가족에게서 아버지를 빼앗아 가 버린 비극적인 사건은 그저 한갓 뉴스거리에 지나지 않았어요. 금세 모두에게서 잊혔죠. 마치 아무 일도 없었다는 듯이. 그런데 이 일과는 전혀 무관한 분이 3년도 더 지난 일을 기억해 주고 이런 어려운 작업까지 해 주다니…. 고맙습니다. 정말 고맙습니다."

그녀의 눈에 눈물이 가득 차올랐다.

작업복 차림의 중년 남자였다. 천천히 전시장을 돌며 작품 하나하나를 진지하게 바라보던 그는, 테이블에 올려 둔 기사들까지 꼼꼼히 읽고도 돌아가지 않고 다시 작품 앞에 섰다. 한참 후 그가 주뼛거리며 내 쪽으로 다가왔다. 어찌된 영문인지 그는 나와 눈도 제대로 맞추지 못했다. 그가 어색하게 손을 뻗어 뒤에 걸린 작품을 가리켰다. 가장 작은 사이즈의 작품 네 점을 모아둔 벽이었다.

"저 작품은 얼마인가요?"

아주 작은 목소리였다. 예상치 못한 질문에 나는 살짝 당황했다.

"작품은 판매하지 않습니다. 그게…."

내 말이 끝나기도 전에 그는 민망한 듯 고개를 주억거렸다.

"아, 그렇군요. 죄송합니다. 죄송합니다."

실언을 했다고 생각했는지 그는 황급히 출구 쪽으로 걸음을 옮겼다. 부연설명을 해야 할 것 같아서 나도 허둥지둥 따라갔다. 그는 그런 나를 힐끔 돌아보며 한 마디를 남긴 채 사라져 버렸다.

"제사라도 지내 주고 싶었습니다."

띠링, 하고 마음 깊은 곳에서 불 켜지는 소리가 들리는 것 같았다.

우리가 효율적이고 경제적이라는 이유로 (실상은 그렇지도 않은데) 저지른 크고 무서운 죄. 그에 대한 사죄이자 추모로 한 작업을 판매해서 경제적인 이윤을 취한다면, 정말이지 인간은 구제불능이 아니겠냐고. 소중하다고 믿는 가치를 위해 이해타산을 초월한 미련한 짓을 고수하는 것. 거기까지가 이 작업이라고, 며칠 전에 전시장을 찾아온 동료 사진작가에게 작품을 판매하지 않는 이유를 설명했다. 그는 지나친 순결주의라고 나무랐지만, 나는 존재 미학을 실현 중이라며 빙긋 웃어넘겼다. 그 분께 이 말씀을 드렸어야 했다. 이 전시가 우리 시대의 비정한 실리주의에 대한 작은 저항이자 내 진심을 담은 제의라는 것을.

$$\boxed{\text{제 } | \text{ 의}}$$

두어 차례 인사를 나눈 적 있는 지역의 작가님과 일행 한 분이 전시장에 찾아오셨다. 처음 뵙는 분이었는데 전시장을 천천히 둘러보시더니, 작업의 동기, 작업의 방식, 프린트와 액자, 그 밖의 많은 것들에 대해 자세히 물으셨다. 대답을 듣는 눈빛이 깊고 강렬해 마치 내 속을 훤히 꿰뚫어 보는 것만 같아 내 쪽에서도 사뭇 인상적인 분이었다. 그런 그가 며칠 후 다시 전시장에 찾아왔다.

"이 전시가 끝나고 난 후 계획은 뭡니까?"

그가 대뜸 물었다.

"전부 소각할 예정입니다. 제의의 마지막 단계로요."

비장하게 답을 했는데 상대편에서 피식, 웃음이 터져 나왔다.

"작품이 작가의 것이라고 생각합니까?"

난데없는 선문답이었다.

"이 작품들은 세상이 필요로 해서 문 작가를 통해 세상에 나온 거예요. 세상에 나온 이상 작가만의 소유가 아니란 말입니다. 만약에 작품들이 이 세상에서 쓸모가 없어진다면, 문 작가가 구태여 태워 버리지 않아도 자연스럽게 이 세상에서 사라질 겁니다."

그는 명함 한 장을 내밀었다.

"별다른 계획이 없다면 우리 미술관에서 전시합시다. 문 작가만 괜찮다면 예정되어 있던 소장전 일정을 미루고, 다음 달에 곧바로 특별전을 열까 합니다. 더 많은 사람들이 이 전시를 봤으면 하거든요. 우리 미술관에서 전시를 한 이후에도 작가의 생각에 변함이 없다면, 그때는 내가 함께 소각해 드리겠습니다."

그가 온화하게 미소 지으며 말했다.

미술관은 깊은 산 중에 있었다. 전시를 오픈하고 혼자 건물 바깥으로 나와 중앙계단에 앉았다. 잔뜩 흐린 날이었는데 돌계단에는 온기가 묻어 있었다. 잔뜩 긴장되었던 어깨에서 스르르 힘이 빠졌다. 수묵화처럼 펼쳐진 맞은편에 보이는 산을 멍하니 바라보고 있는데 고요한 적막 사이로 목탁 소리가 들려왔다. 미술관 옆 성륜사에서 들려오는 소리였다. 목탁 소리에 맞추어 차분한 염불소리가 낮게 울려 퍼졌다. 그 순간 나도 모르게 주르륵 눈물이 흘러내렸다.

제대로 찾았구나!

아이들

환경을 주제로 한 그룹 전시에 초대되었다. 전시에 초대된 작가들은 각기 다양한 체험 행사에 참여해야 했다. 내게는 '작가와의 대화'가 할당되었다. 프레젠테이션 자료를 준비하기 위해 주로 어떤 분들이 오시는지 미술관에 문의했다.

"유치원생들이에요. 초등학교 저학년 아이들이 올 수도 있고요. 엄마랑 함께하는 미술관 투어 콘셉트거든요."

명랑한 목소리였다. 내 작업 주제는 알고 있지만 미술관 프로그램이 내 스케줄보다 먼저 짜여 있던 것이라 어쩔 수 없다고 딱 잘라 말했다. 엄마 손을 잡고 오는 10살 미만의 아이들과 이 작업에 대한 이야기를 나누어야 한다고? 아이들이 받을 충격, 그런 충격을 안겨 준 것에 대한 엄마들의 분노. 상상만 해도 아찔했다.

결국 그날이 오고야 말았다. 나는 특별한 묘책도 없이 절반은 유치원생이고 절반은 초등학교 저학년인 아이들 앞에 서게 되었다. 들고 온 프레젠테이션 자료는 어른들에게 보여 주던 그대로였다. 인사를 나누고 제목 화면을 띄웠다. 차마 입이 떨어지지가 않았다. 그때 여기저기에서 한글을 읽을 줄 아는 아이들이 재잘거렸다.

"어, 묻다."

그 와중에도 아이들이 글자를 읽는 모습이 귀엽고 기특했다.

"'묻다'가 무슨 뜻인지 알아요?"

내 질문에 아이들이 여기저기서 손을 들고 소리쳤다.

"무언가를 물어본다는 뜻이에요."

"옷에 더러운 게 묻었을 때도 써요."

"땅에 보물을 묻을 때도 쓰는 말이에요."

또랑또랑한 아이들의 대답에 나는 힘을 좀 얻었다.

"모두 맞았어요. 묻다는 그렇게 많은 뜻을 가진 말이에요. 이 작업의 제목이 왜 묻다가 되었는지 먼저 사진을 본 다음에 이야기를 계속해도 될까요?"

"네~."

천진한 얼굴의 아이들이 합창하듯 대답했다. 사진과 나란히 적힌 숫자들이 한 장씩 지나갔다. 아이들은 숫자를 읽어내느라 정신이 없었다.

"이 사진들은 3년 전에 동물들을 파묻은 땅을 찍은 거예요. 사진 옆에 숫자들은 그 땅에 파묻힌 동물들의 숫자고요."

헛기침을 토해 내며 입을 열었다. 엄마들의 얼굴에 당황한 기색이 역력했다. 아이들은 어안이 벙벙한 얼굴로 나를 바라보았다.

"여러분들이 아기였을 때 동물들이 아팠어요. 전염병에 걸렸는데 어른들이 재빨리 알아차리지 못했어요. 그래서 전염병이 전국으로 퍼져 버렸어요."

"동물들을 치료했나요?"

한 아이가 스스럼없이 물어왔다.

"그랬으면 좋았을 텐데 그러지를 못했어요. 전염병이 빨리, 멀리 퍼지는 걸 막으려고 어른들은 동물들을 치료하는 대신 땅에 파묻기로 했어요.

"동물들이 불쌍해요."

아이들의 눈에 순식간에 눈물이 그렁그렁 맺혔다. 마치 독한 술이라도 삼킨 것처럼 위 속이 확 달아올랐다. 나는 준비해 온 자료 화면으로 눈을 돌리며 애써 말을 이어 나갔다.

"그때가 겨울이라 날이 몹시 추웠어요. 파묻어야 할 동물들의 숫자는 너무 많았고요. 그래서 어른들이 규칙을 잘 지키지 못했어요. 동물들이 편히 잠들 수 있도록 마음을 써 주지도 못했고요. 너무 다급해서 파묻으면 안 되는 곳에 파묻기도 했어요. 그래서 땅이…."

말을 고르기가 어려워 망설이고 있었는데 어떤 아이가 물었다.

"선생님, 땅이 아프게 되었어요? 너무 많이 파묻어서 땅이 병들었어요?"

"네, 미안해요. 어른들이 잘못해서 땅까지 아프게 되었어요."

식은땀이 흘렀다.

"땅이 얼마나 아픈지 걱정이 되어서 선생님이 직접 찾아가 봤어요. 3년이나 지난 뒤에 찾아갔는데 땅이 아직도 아파하고 있었어요."

"아무도 치료를 안 해 줬어요?"

5살이나 되었을까? 제일 어려 보이는 아이가 슬픈 눈으로 물었다.

"네."

짧게 대답했다. 아이들을 똑바로 보는 게 점점 더 힘이 들었다.

"몇 군데서는 농사를 짓기 시작했어요."

"아픈 땅에서 농사를 지으면 안 되잖아요."

한 아이가 큰 소리로 말했다. 그의 말에 모두가 고개를 끄덕였다. 나는 현장 검증을 나온 죄인의 심정이 되었다. 엄마들의 얼굴에 어두운 그림자가 드리워졌다.

"땅이 아프면 식물도 아프고, 그걸 먹으면 우리도 아프게 되니까."

아이는 제법 어른스럽게 이유를 덧붙였다.

"안 되죠. 다행인지 불행인지 농작물들이 잘 자라지는 못했어요."

"땅이 아프니까 그렇죠. 고생만 시키고 치료도 안 해 줬으니까."

이번에는 다른 아이였다. 아이는 내게 어른이면서 그런 것도 모르냐는 표정을 지어 보였다.

"네, 맞아요. 선생님은 땅이 아픈 게 큰 문제라고 생각했어요. 아픈 땅에서 농사를 짓는 것도 걱정스러웠고요. 그래서 사진을 찍고 글도 써서 방송국에도 보내고 신문사에도 보냈어요. 어른들이 다 같이 머리를 맞대고 고민해서 풀어야 할 문제 같았거든요."

"그래서 문제를 풀었나요?"

아이들이 초롱초롱한 눈빛으로 나를 바라보았다.

"아니요. 그게 잘 안 됐어요. 선생님이 피카소처럼 위대한 예술가였다면 수많은 사람들의 마음을 움직일 수도 있었을 텐데…. 아쉽게도 아무 일도 일어나지 않았어요."

나의 솔직한 대답이 뜻밖이었는지 아이들과 엄마들 모두가 "와!" 하고 웃음을 터뜨렸다.

"그래서 선생님 실망했어요?"

아이들이 측은한 얼굴로 나를 올려다보았다.

"아니에요. 처음부터 그럴 줄 알았거든요."

나도 그제서야 여유 있게 웃어 보였다.

"선생님은 중요한 사람이 아니지만, 이 문제는 중요한 문제니까 포기하면 안 되잖아요. 그래서 언론사 여기저기에 자료를 보내고 또 보냈어요. 이렇게 전시도 열심히 참여하고요. 선생님이 1년도 넘게 막 귀찮게 구니까 정부에서도 신경이 쓰였는지 지금은 선생님이 촬영한 곳들이 하나둘 정비가 되기 시작했어요."

"휴, 다행이에요. 땅은 새로 살 수도 없으니까 잘 치료를 해 줘야죠."

의젓한 대답에 피식 웃음이 나왔다.

"네, 맞아요. 어른들은 지금 깊이 반성하고 있어요."

나는 바람을 담아 말했다. 다시 한 번 작품을 보는 것으로 프레젠테이션을 마무리 지었다. 처음과 달리 아이들은 사진을 더 유심히 보았다. 사진을 한 장 한 장 넘기는데 내내 잠자코 듣기만 하던 아이가 벌떡 일어나서 외쳤다.

"저는 커서 수의사가 될 거예요. 어제까지는 경찰관이 되려고 했는데, 오늘 수의사가 되기로 결심했어요. 수의사가 되면 동물들을 파묻지 않고 전부 치료해 줄 거예요. 그러면 땅이 아플 일도 없어지니까요."

씩씩하고 힘이 넘치는 목소리였다. 여기저기서 아이들이 손을 들고 자기도 수의사가 되겠다고 소리쳤다. 가슴이 뭉클했다. 세미나실을 나서는 아이들이 엄지손가락을 치켜세우며 나를 격려했다.

"선생님, 안 유명한 작가여도 괜찮아요. 잘했어요."

뒤따라 나서던 엄마들은 내 손을 꼭 쥐며 응원의 눈빛을 보내 주었다. 모닥불이라도 지핀 것처럼 마음이 따뜻해졌다.

인 큐 베 이 터

2016년 11월, 국내에서 여섯 번째 조류독감이 발생했다. 초유의 국정 농단 사태가 만천하에 드러난 직후였다. 최고 권력자가 꼭두각시에 불과했다는 사실이 밝혀지면서 정부는 그로기 상태에 빠졌다. 어수선한 상황 속에서 총리 대행 체제의 정부는 어느 해보다 무능하고 안일하게 전염병에 대처했다. 2017년 닭의 해는 닭의 수난으로 막을 열었다.

2014년 거창 오리 떼를 죽음으로 몰아넣었던 강력한 고병원성 조류독감으로 1,396만 마리의 가금류를 살처분했을 때, 그것이 사상 최악의 조류독감 사태일 줄 알았다. 그러나 2016년 그 두 배에 달하는 3,781만 마리(2017. 3. 31. 기준)의 가금류가 살처분되었다. 이는 전체 사육 조류의 30퍼센트를 웃도는 숫자였다. 동일한 시기에 같은 바이러스로 조류독감이 발생한 독일, 프랑스, 덴마크는 100만 마리 이하의 동물을 살처분했다. 어찌 매번 이렇게 큰 차이가 나는지, 어떻게 해가 갈수록 더 속수무책인지 착잡했다.

마대자루에 담긴 채 주위를 두리번거리는 닭이 전파를 탔다. 방역

체계의 허술함과 농가의 안일한 태도, 생매장의 잔혹함이 또다시 도마에 올랐다. 그리고 한편에서는 해가 갈수록 더 강력해져 가는 조류독감 자체에 대한 우려의 목소리도 터져 나왔다.

조류독감은 원래 조류가 걸리는 전염성 호흡기 질병이다. 조류독감 바이러스는 지난 수백만 년 동안 면역력이 강한 철새에게는 대수롭지 않은 질병이었고, 사람의 목숨을 빼앗기는커녕 사람을 감염시킬 수조차 없다고 생각되던 바이러스였다. 바이러스가 숙주세포에 달라붙도록 하는 단백질 H5형은 원래 사람을 감염시키지는 못하는 바이러스였기 때문이다.

그런데 1997년 홍콩의 한 탁아소에서 병아리와 놀던 3살짜리 남자아이가 조류독감에 걸려 폐, 신장, 간의 기능이 마비되어 사망했다. 6개월 뒤 다시 홍콩에서 조류독감에 걸린 어린이와 성인 5명이 면역체계가 완전히 망가진 채로 사망하여 전 세계를 충격에 빠뜨렸다.

조류독감은 더 이상 조류만의 문제가 아니었다. 세계보건기구는 인간의 세포 표면에 달라붙게 진화한 조류독감이 인간과 인간 사이에서도 전염이 가능한 '인간 독감'으로 발전할 경우 (현재는 조류와 직접 접촉해야만 감염된다.) 전 세계 인구의 10~20퍼센트가 조류독감에 감염되고, 수백만 명의 사망자가 발생할 것이라는 예측을 내놓았다. 만약 한국에서 발생할 경우 국내에서만 최소 10만 명 안팎이 사망할 것이라는 끔찍한 예측도 함께 나왔다.

오랫동안 귀한 손님이었던 철새는 불청객이 되었다. 그동안 큰 문제를 일으키지 않던 철새들이 왜 갑자기 시한폭탄을 품고 찾아들기 시작한 것일까? 조류독감 바이러스는 어떻게 종간 장벽을 무너뜨리고 치사율 60퍼센트의 맹독성으로 인간까지 위협하게 된 것일까?

조류독감 바이러스의 변이를 추적하던 나는 세계동물보건기구가 공장식 밀집 사육이 조류독감을 확대·재생산 하고 있으며, 밀집 사육을 유지하는 한 조류독감 백신을 써도 질병은 계속될 것이라 경고했음을 알게 되었다. 심지어 유엔식량농업기구(FAO)조차 조류독감이 세계에 만연하게 된 데는 고밀도 사육 시설에서 가축을 생산한 탓이 크다고 몇 차례나 발표한 바 있었다. 혼란스러웠다. 공장식 밀집 사육 시설이 전염병에 취약할 것이라고는 어렴풋이 짐작하고 있었다. 그런데 단지 바이러스에 의해 피해를 입은 것이 아니라 바이러스를 확대·재생산 시켰다? 가능한 한 많은 자료를 찾아 상황을 파악해 보았다.

1단계 : 밀집된 공간에서 엄청난 수의 동물을 비위생적으로 키우다 보면, 분뇨에서 발생되는 암모니아로 인해 동물의 호흡기가 손상된다. 그로 인해 동물은 호흡기 질병에 쉽게 감염된다.

2단계 : 가벼운 호흡기 질환도 밀집 사육 시설의 동물에게는 심각한 질병이 된다. 동물은 좁은 공간에서 날갯짓 한 번 제대로 해보지 못해 만성 스트레스에 찌들어 산다. 게다가 그들의 몸은 건강이 아닌 오로지 살을 찌우는 데만 일조하는 형편없는 먹이로 채워져 있다. 이런 구조로 인해 동물의 면역력은 제로에 가깝게 소진된 상태다.

3단계 : 바이러스는 종의 번식을 목표로 한다. 숙주 안에서 자기복제를 하고, 다른 숙주로 확산시키는 것이 바이러스의 기본 번식 방법이다. 만약 다른 숙주로 전파되지 못하고 숙주가 죽게 되면 바이러스 역시 함께 사라진다. 따라서 대부분의 바이러스는 숙주를 죽일 만큼 치명적이지 않다. 하지만 숙주가 밀집해 있으면 상황은 달라진다. 언제든 옮겨갈 수 있는 숙주가 충분하니 바이러스에게 숙주의 생존은 더 이상 고려 대상이 되지 않는다.

햇빛이 차단되어 자외선 살균의 우려도 없고, 환기가 되지 않아 오랜 시간 안전하게 머무를 수 있으며, 감염시키기 용이한 숙주들이 옮겨 다니기 좋게 다닥다닥 붙어 있는 곳. 밀집 사육 시설은 바이러스가 치명적으로 진화하기에 더할 나위 없이 완벽한 인큐베이터였다.

전 지구가 공장식 밀집 사육이라는 새로운 생태적 환경을 조성한 덕분에 조류독감 바이러스는 유전자 변이의 가능성을 극대화시킬 수 있었다. 인류가 더 많은 돈을 벌기 위해 열중하는 사이에 조류독감 바이러스는 점점 더 강해진 셈이다.

최근 조류독감뿐만 아니라 사스, 메르스, 신종플루 등 신종 전염병이 잇따라 발생하고 있다. 맹목적인 경제 논리에 사로잡혀 좁고 비위생적인 공간에서 동물을 대량으로 키우는 일이 생물학적으로 얼마나 위험천만한 일인지, 인류는 값비싼 대가를 지불하며 배우고 있다.

행복의 조건

밀집 사육과 전염병의 상관관계를 살펴보니 자연스럽게 산업혁명 시절의 영국이 떠올랐다.

산업혁명 시절 영국의 가난한 농민들은 런던으로 몰려들어 도시의 임금 노동자가 되었다. 100만 명 이상이 몰려들자 도시에는 연립 주택 형식의 빈민굴이 생겼다. 많은 노동자가 햇빛이 들지 않고 환기도 되지 않는 불량 주택에서 살게 되었다. 빈민가에는 쓰레기가 넘쳤고, 물이 부족해서 청소는커녕 씻을 물도 모자랐다. 당연히 화장실도 부족했다. 있는 화장실조차 시설이 변변치 않아 배설물이 우물로 흘러들었다. 쥐와 벼룩, 이가 들끓었다. 파리는 음식과 변기에 무차별적으로 달려들었다. 말라리아, 콜레라, 장티푸스 같은 전염병이 거듭 발생했다. 빈민가의 아이들 중 60퍼센트가 전염병 때문에 5살 이전에 사망했다. 당시 공장 지대 근로자의 평균 수명이 20살이 안 되었다. 전염병이 들끓어 런던 전체의 평균 수명도 고작 30살이었다. (당시 농촌에 살던 지주 계급의 평균 수명은 50~52살이었다.)

사람들은 과도한 밀집, 오염된 물과 음식, 더러운 환경이 전염병의 원인이라는 사실을 알아냈다. 가장 먼저 도시에 깨끗한 물을 공급하고 하수 처리 시설을 만들었다. 상하수도의 분리와 방역 등 일반적인 공중보건 정책에 주거환경과 식생활이 개선되자 질병 감염이 줄었고 유아 생존율이 높아졌으며 평균 수명도 증가했다.

이 같은 역사적 사실을 바탕으로 오늘날의 전염병 만연 사태에 대한 해결책을 추론해 볼 수 있다. 따뜻한 햇살, 신선한 바람과 맑은 물, 동물이 불필요한 스트레스를 받지 않고 본능에 따라 살 수 있는 농장, 답은 그 안에 있다. 동물의 행복이 곧 인간의 행복이 되고, 지구의 행복이 된다. 단순하고 아름다운 자연의 이치다. 어린 아이도 알 법한 이런 해결책을 우리 사회는 왜 지금 당장 실행에 옮기지 못하고 있을까? 생산자의 수익 때문일까? 아니면 소비자가 누리는 혜택 때문일까?

공장식 축산의 생산자는 소비자 가격의 30~40퍼센트를 가져간다. (나머지 60퍼센트는 유통업자의 몫이다.) 수입의 대부분은 사료 값으로 지출된다. 그러니 사료 값 절감이 관건이 된다. 농장에서는 동물들의 건강보다 최대한 빨리 살을 찌우는 사료를 우선적으로 선택한다. 사료는 비교적 구하기 쉽고 가격이 저렴한 GMO 농산물(옥수수, 콩깻묵 등)을 수입·배합해서 만든다. 공장식 축산은 기본적으로 박리다매의 구조다. 싸게 키워 많이 팔아야 하는데 사료를 수입에 의존하다 보니 환율이 조금만 출렁여도 축산업계는 커다란 타격을 입는다. 이처럼 축산업은 이익이 박하고 안전성이 낮기 때문에 평소에도 생산 단가를 낮추는 데 급급해진다.

분뇨 처리 비용을 절감하기 위해 분뇨는 최대한 모아 한꺼번에 처리한다. 분뇨가 쌓이면 동물만 고통스러운 게 아니다. 농장에서 일하는 사람도 힘들다. 때로는 유독 가스로 인해 생명의 위협을 받기도 한다. 이런 연유로 축산 농가는 비 오는 날이면 축산 폐수를 몰래 방류하고 싶은 유혹에 시달린다.

인건비를 줄이면 그만큼 노동의 강도는 세진다. 열악한 환경에서 강도 높은 노동을 해야 하기 때문에 축산업은 외국인 노동자들 사이에서도 이직률이 가장 높은 직종 중 하나다. 아무리 살펴봐도 박리다매의 공장식 축산 구조가 생산자에게 반드시 수호하고 싶은 소중한 시스템 같진 않다. 그렇다면 소비자는 어떨까?

공장식 축산 시스템 속에서 소비자는 고기 값으로 고기 값만 지불하고 있는 게 아니다. 하천으로 흘러든 축산 폐수의 처리 비용, 전염병 발생 시 살처분 비용과 보상금, 각종 방역 비용 등 모두가 세금에서 지불된다. 이런 추가 비용을 지불하고도 소비자들은 질 나쁜 사료와 항생제로 키운 고기로 인해 건강까지 위협받는다. 2015년 세계보건기구 산하의 국제암연구소는 소시지, 햄, 핫도그 등의 가공육은 담배나 석면처럼 발암 위험성이 큰 '1군 발암물질', 붉은고기 역시 암을 유발할 가능성이 있다고 발표했다. 비용 측면에서도, 건강 측면에서도 소비자를 공장식 축산의 수혜자로 보긴 어렵다.

게다가 공장식 축산으로 고통받는 것은 동물들만이 아니다. 지구도 몸살을 앓는다. 동물에게 먹일 옥수수를 키우기 위해 열대림은 지금도 계속해서 벌목되고 있다. 땅과 하천은 가축 생산에서 사용되는 엄청난 양의 살충제, 소독제, 항생제, 축산 폐수 등으로 오염되고 있으며, 해마다 반복되는 살처분으로 인한 2차 환경오염까지 떠맡고 있다.

축산업의 패러다임을 바꿔야 한다. 동물과 지구, 소비자는 물론이고 생산자마저 고통 속으로 몰아넣는 박리다매의 구조에서 벗어나 질적

성장을 도모해야 할 때다. 다행히 정부도 같은 결론에 도달한 듯하다. 2012년 정부는 〈동물보호법〉을 개정했고, 동물복지 기준에 따라 인도적으로 동물을 사육한 농장에 인증 마크를 표시하는 '동물복지농장 인증제'를 도입했다. 하지만 2012년부터 2015년까지 인증을 받은 농가는 64곳에 불과했다. 판로 확보의 어려움, 수익 저하에 대한 두려움 때문이다.

정부가 미약하나마 제대로 된 방향으로 한 걸음을 내딛었다. 농장들은 추이를 살피고 있다. 이 시점에서 소비자들이 고기 소비를 줄이고 비싸더라도 동물에 친화적인 방식으로 운영되는 농장을 적극적으로 이용한다면, 안전하고 깨끗하며 건강한 미래가 아득히 먼 일만은 아닐 것이다.

| 형 | 벌 |

동물보호단체 카라에서 연락이 왔다. 운영하고 있는 작은 도서관에서 전시 초대를 하고 싶다는 내용이었다. 어떤 곳인지 알아야 할 것 같아 직접 서울에 올라갔다. 1층은 유기동물을 보호하고 있었고, 2층은 동물병원으로 운영되고 있었다. 곳곳에 동물을 배려하는 문구가 붙어 있어서 저절로 입가에 미소가 지어졌다. 도서관은 3층에 있었는데 아담한 규모였다.

전시는 한 달간 진행하고 그중 하루는 작가와의 대화를 갖기로 했다. 서른 명 남짓이 신청했지만 평일 저녁이라 오지 않는 사람도 꽤 있을 거라는 연락이 왔다. 어떤 분들이 오실지 짐작도 되지 않았다.

서울에 올라온 김에 전시를 좀 둘러보고 다니느라 에너지를 쓴데다 조금 긴장한 탓인지 속이 좋지 않았다. 도서관이 협소한 공간이다 보니 따로 대기할 곳이 없어 근처 카페에서 숨을 고르고 시간에 맞추어 갔다.

들어가 보니 감사하게도 빈자리가 거의 보이지 않았다. 나는 분위기

171

가 너무 가라앉지 않도록 완급 조절을 해가며 준비해 간 이야기를 풀어놓았다. 낯선 사람들이었지만 그들로부터 깊이 이해받고 있다는 게 느껴졌다. 나뿐만 아니라 거기 모인 모두가 서로 연결된 느낌이었다. 나를 묵직하게 누르던 체증이 어느새 사라졌다.

질의 응답이 1시간 정도 이어졌다. 이런 강연을 하게 되면 질문을 던지는 쪽에서도 내가 동물이나 환경 관련 전문가가 아니라는 사실을 인지하고 있으면서도, 강연을 들으면서 생기는 궁금증을 달리 해결할 방법이 없으니 매번 온갖 질문이 날아든다. 그러니 내 쪽에서도 그에 걸맞은 준비를 해야 했다. 자료 조사가 필요한 부분은 조사를 했고, 의견이 필요한 부분은 오래 숙고한 소견을 조심스럽게 말씀드렸다.

질의 응답 시간까지 다 끝났지만 돌아가지 않고 기다리는 분들이 좀 있어서, 한 분씩 차례대로 이야기를 나누었다. 누군가의 일행인 것처럼 멀찍이 서서 계속 이쪽을 힐끔거리는 청년이 눈에 들어왔다. 어쩐지 표정이 좋지 않아 보여 다소 마음이 쓰였다. 한 사람씩 이야기를 나누다 보니 반시간이 훌쩍 지났다. 어느 정도 정리가 되었나 싶어서 둘러보는데 그 청년이 마지막까지 남아 있었다.

"제가 군대에 있을 때 그 현장에 투입되었습니다."

순진한 얼굴을 한 청년이 어렵게 입을 떼었다.

"살아 있는 돼지들을⋯."

그는 죄 지은 사람처럼 고개를 떨궜다.

"그 이후로 지금까지 악몽에 시달리다가 여기까지 오게 되었습니다."

얼마나 힘들었을까⋯.

나도 모르게 굵은 눈물이 뚝뚝 떨어졌다. 그의 눈에서도 눈물이 주르륵 흘러내렸다.

누군가는 갓 태어난 새끼들까지 구덩이 속으로 밀어 넣는 일을 해야만 했다. 누군가는 살아 있는 동물들 위로 흙을 쏟아붓고 땅을 다지는 일에 투입되었다. 동물들을 빠르고 효율적으로 죽음으로 몰아넣는 일을 직접 담당해야 했던 사람들.

무겁고도 무서운 기억에 짓눌려 잠 못 이루는 밤들.

얼마나 많은 사람들이 이 지독한 형벌을 받고 있을까?

국가의 명령

살殺(죽일 살) + 처분處分(행정·사법 관청이 해당 법규를 적용하는 행위).

국민들에게 내려진 국가의 명령. 국가는 규칙을 만들었고, 그 규칙에 따라 예외 없이 파묻었다. 그곳에 죽음은 없었다. 다만 상품이 폐기되고 있을 뿐이었다. 그곳에는 사람도 없었다. 다만 명령을 수행하는 도구만 작동되고 있었을 뿐이다. 국가의 규칙과 명령을 따를 수밖에 없었던 현장의 공무원은 내면에 끔찍한 상처를 입었다.

그해 겨울 현장에 투입된 인원은 총 100만여 명이었다. 그중 170명의 사상자가 발생했고, 과로 누적과 작업 중 사고로 9명의 공무원이 사망했다. 살처분과 매몰 업무를 담당한 공무원 중 34.5퍼센트가 극심한 외상 후 스트레스 장애와 우울증을 겪고 있다.

살처분에 동원된 공무원이 트라우마에 시달리는 등 심각한 후유증에 시달리자 2015년부터 정부는 살처분을 용역업체에 떠맡겼다. 이제 공무원을 대신해 가난한 청년과 외국인 근로자가 살처분 현장으로 내몰리고 있다.

마음들

2017년 겨울, 서울의 한 갤러리에서 전시 초대를 받았다. 전시만큼이나 작가와의 대화도 갑작스럽게 진행되었다. 제대로 홍보할 시간이 없어 마음이 쓰였는데 서울에 도착해 보니 비까지 퍼붓듯이 세차게 쏟아지고 있었다. 광화문의 시위대를 뚫고 30분 전에야 겨우 갤러리에 도착했다. 아니나 다를까 아무도 없었다. 시작 시간이 되자 짧은 머리에 세련된 스타일을 한 중년 여성이 성큼성큼 걸어 들어왔다. 작가와의 대화에 온 단 한 명의 손님이었다.

"왜 도망치지 않았어요?"

그녀가 다짜고짜 물었다.

"나도 갔어요. 거기, 매몰지에. 김해에 살 때 사진동호회 사람들이랑 출사를 나갔어요. 봄꽃이 핀 나무를 찍으려다 무심코 발을 내딛었는데 땅이 물컹하더라고요. 정말 기분 나쁜 느낌이었어요. 그 물컹거림. 내가 깜짝 놀라니까 사람들이 알려 주더군요. 매몰지라고. 그 이야기를 들으니까 더 소름이 끼쳤어요. 그래서 곧바로 도망쳤어요. 그게 벌써 몇 년 전 일이에요. 며칠 전에 우연히 이 전시 소식을 들었는데 그 물컹한 땅에 대한 이야기가 있었어요. 새까맣게 잊고 있었는데 순식간에 그 느낌이 되살아나더군요. 다른 사람들은 몰라도 나는 아니까, 그 느낌이 얼마나 끔찍한지 나는 아니까, 너무나 궁금했어요. 왜 도망치지 않았는지. 어떻게 도망치지 않을 수 있었는지."

그녀는 어딘가 필사적이었다.

"그게 프로와 아마추어의 차이인가 보다, 저 혼자서 그런 생각을 했어요."

멋쩍게 웃는 내게 그녀는 한숨을 내쉬며 말했다.

한 명의 손님을 앞에 두고 나는 여느 때처럼 프레젠테이션을 하고 질의 응답을 받았다. 그리고 우리는 통인시장 안에 있는 빈대떡집으로 자리를 옮겼다.

그녀는 사진에 대한 고민이 깊어 보였다.

"교직을 그만두고 취미로 사진을 즐기다가 어느새 제법 진지한 마음이 되었어요. 그러나 배우고 공부하고 다가갈수록 사진이 무엇인지, 예술이 무엇인지 알 수 없게 되어 버렸어요. 들여다보면 온통 허울 좋은 말로 치장한 작품들뿐이에요. 알면 알수록 마음과 삶에 깊은 영향을 주는 감동적인 작품은 점점 더 만나기 어려워졌어요. 처음에는 답답하다가 지금은 그마저도 조금 시들해지고 말았어요."

동동주 두 주전자를 비우는 동안 우리는 오랜 친구처럼 속 깊은 대화를 나누었다. 그리고 처음보다 한결 밝아진 얼굴로 헤어졌다.

왜 그랬을까? 나는 왜 도망치지 않았을까? 그녀의 질문이 내내 주변을 서성였다. 기차에 올랐다. 어둠에 잠긴 세상이 빠르게 지나갔다. 이따금 멀리서 반짝이는 불빛들을 바라보며 지난 시간을 더듬어 보았다.

매일 아침 길을 나설 때마다 제발 빈손으로 돌아올 수 있기를 간절히 기도했다. 매몰지 위에 오를 때마다 두려움에 입술을 깨물었고, 동물들의 고통을 떠올리면 가슴이 미어졌다. 상처 입은 대지가 걱정스러웠고, 관성에 젖은 채 무비판적으로 작동하는 국가 시스템이 두려웠다. 스스로의 영혼보다 수입에 열중한 채로 매정하게 살아가는 사람들의 모습에 속이 상했다. 무엇보다 살처분이라는 대학살의 비극과 불의에 육식자로서 내 몫의 책임이 없는지 살펴야 하는 것이 괴로웠다. 하루하루가 고역이었다.

　그럼에도 불구하고 왜 도망치지 않았을까? 솔직히 나도 잘 모르겠다. 굳이 말한다면 마음 때문이었던 것 같다. 미안한 마음과 부끄러운 마음, 뭐라도 하지 않고서는 견딜 수 없는 그 마음들, 때문이었다.

에필로그

2016년 11월에 시작된 조류독감 사태는 2017년 7월 장마 때야 겨우 종식되었다. 가까스로 최악의 조류독감 사태를 종식시키자마자 그해 8월에는 곧바로 살충제 계란 파동이 일어났다. 그 어느 때보다 살처분과 공장식 축산에 대한 논의가 뜨거운 한 해였다.

2017년 1월 EBS 〈지식채널 e〉에서 그동안의 작업이 '3년 후'라는 제목으로 방송되었다. 그 방송이 동물보호단체 '카라'로 이어지고, '카라'에서의 전시와 강연이 또 다른 강연으로 이어졌다. 그렇게 흐르고 흘러 법무법인까지 가게 되었다. 지구를 사랑하는 사람들의 모임인 포럼 '지구와 사람'의 초대였다. 강연이 끝나고 식사를 하는 자리에서 모임의 대표인 강금실 전 장관이 내게 물었다.

"이 상황에서 우리는 무엇을 해야 합니까?"

언제나 받는 질문이었지만 상대가 상대이니만큼 그 질문은 나를 꿈꾸게 만들었다. 나는 한 치의 망설임도 없이 대답했다.

"법과 제도가 개선되어야 합니다."

그동안 구제역, 조류독감 등의 전염병이 발생할 때마다 관련 법규에 따라 무수히 많은 동물들이 강제적으로 대량 살처분되었다. 수천만의 동물이 고통 속에 죽어 갔고, 수백만의 사람이 막대한 정신적·육체적·사회적 피해를 입었다. 광범위한 방역 비용이 소요되었고, 침출수 유출로 인한 지하수와 토양 오염 같은 추가적인 문제도 발생했다. 매년 반복되는 살처분 정책에 대한 근본적인 재검토가 필요했다.

법무법인 세 곳(동천, 선, 화우)과 함께 법과 제도를 개선할 방안을 모색했다. 이듬해인 2018년 7월 국회에서 세미나를 개최했다. 법안 발의에 참여해 줄 네 명의 국회의원(정의당 이정미, 더불어민주당 김현권·송갑석·표창원)도 함께하는 자리였다. 세미나는 국회법 개정의 마중물이 될 터였다. 나는 각계각층의 전문가들과 발제를 맡았다. 궂은 날씨에도 많은 사람들이 참석했고, 살처분의 경제적·윤리적·환경적 타당성에 대한 검증과 심도 깊은 논의가 오갔다.

국가란 무엇인가? 무엇을 해야 하는가? 그 방향성과 담론의 형성에 참여하는 것, 그것은 시민의 의무이자 권리다. 물론 법과 제도를 바꾸는 것이 간단한 일은 아니겠지만 모두의 가치와 철학이 모여 제도가 된다고 믿는다.

대학교의 환경 관련 교양 수업에 초대된 적이 있다. 여느 때처럼 프레젠테이션을 한 시간하고 질의 응답이 한 시간 이어졌다. 전공마다 관심사가 달라서 다채로운 질의 응답이 오갔다.

"이런 상황에서 우리는 무엇을 해야 할까요?"

이렇게 묻는 마음 고운 이가 그날, 그 자리에도 있었다.

"댓글 좀 달아 주세요."

농담처럼 말했지만 진담이었다. 마음이 모여 여론이 되어 주길 바란다. 사회 시스템을 바꾸려면 많은 노력과 시간이 필요하다. 참고 기다리는 동안 무수히 많은 생명들이 죽어 간다. 답답하고 슬프다. 그래도 힘을 내는 것은, 세상이 조금씩 더 나은 방향으로 움직이고 있다는 믿음 때문이다. 속도는 마음의 크기에 달려 있다.

이 길을 걷는 동안 수많은 질문 앞에 섰다. 그럴 때마다 해리포터의 교장선생님 말씀이 귓전을 맴돌았다.

"우리의 진정한 모습은 우리의 능력이 아니라 선택을 통해 드러난다."

매일 매일의 작지만 아름다운 선택으로 우리 모두가 최소한의 인간다움을 지킬 수 있는 더 성숙한 사회를 만들어 나갔으면 좋겠다.

저자 후기

이 글을 무어라 부르면 좋을까?

원고를 받은 편집장님이 이 책을 수필과 사회과학서 중 어느 분류에 넣어야 할지 난감하다고 말했을 때 나는 고개를 끄덕였다. 나의 경험을 담은 것이니 시작은 분명 수필이었다. 그런데 내가 마주했던 숱한 질문과 고민의 흔적을 쓰다 보니 구체적 사실과 근거에 비중이 쏠렸다.

이 길을 걷는 동안 나는 최대한 논리적으로 사고하려고 애썼다. 글을 쓰는 동안에도 읽는 이의 이성에 호소하는 데 많은 지면을 할애했다. 자료와 근거 사이에 내 생각이나 의견을 넣었지만 내 느낌에 관해서는 조금만 적었다. 마음을 표현하는 일에 서툴러서였다.

언어로 충분히 길어 올리지 못했지만 이 모든 게 결국 마음의 일이었다. 무언가 잘못되었다는 강렬한 느낌과 내면을 관통하는 깊은 슬픔을 동력으로 여기까지 왔다. 행간을 통해 부디 있는 그대로의 마음이 당신에게 가 닿기를, 마음과 마음이 만나 새로운 길이 열리기를 소원한다.

참고문헌

경기도축산위생연구소(2011),《2011 구제역 백서》, 경기도

고창용·설성수(2013), "구제역 매몰지에 대한 기술 및 정책적 대응 방안", 《기술혁신학회지》, 제16권 제4호, pp. 978-1005

국가과학기술자문회의(2002), "주요 가축전염병의 과학적 대처 시스템 및 친환경적 사후관리기술에 관한 연구"

국가재정운용계획 농림·수산·식품 분과위원회(2015), "2015~2019 국가 재정운용계획-농림·수산·식품 분야 보고서"

국립축산과학원(2016),《농업경영관리길잡이 ⑳ 돼지 경영관리》, 농촌진흥청

국회예산정책처(2017),《대한민국 재정 2017》

권영덕(2011), "가축매몰지 인근지역의 토양·지하수관리방안",《전원과 자원》, 제53권 제2호, pp. 2-8

김정섭(2002),《영국, 2001년도 구제역 대응조치 평가》, 한국농촌경제연구원

김정수(2011), "구제역 정책실패로 인한 환경문제와 시민과학",《환경사회학연구 ECO》, 제15권 제1호, pp. 85-119

농림수산식품부(2011), 《가축매몰지 사후관리 기본지침》

농림수산식품부(2011), 《구제역(FDM) 관련 문답집》

농림수산식품부(2011), 《구제역긴급행동지침(SOP)》

농림축산식품부(2017), 《살처분·이동통제 범위 등에 대한 오리, 닭 등 품목
별 현 국가 예찰 및 방역 시스템의 평가와 개선방안 연구》, 진한엠앤비

농림축산식품부(2018), 《가축매몰지 사후관리 지침》

농림축산식품부 농림축산검역본부 역학조사위원회(2017), "2016-2017년
고병원성 조류인플루엔자 역학조사분석 보고서"

농어촌연구원(2011), "긴급 살처분 매몰지 침출수에 의한 오염지하수 확
산방지 연구(최종)", 한국농어촌공사

니콜렛 한 니먼(2012), 《돼지가 사는 공장》, 수이북스

마이크 데이비스(2008), 《조류독감 : 전염병의 사회적 생산》, 돌베개

박종무(2016), 《살아 있는 것들의 눈빛은 아름답다》, 리수

BIZ-GIS·한계레신문사(2011), "구제역 매몰지 GIS 분석"

서재영(2007), 《선의 생태철학》, 동국대학교출판부

성지은(2012), "주요국의 구제역 방역체계 비교 분석과 정책적 시사점",
《과학기술정책 연구노트》, 제22권 제4호, pp. 134-154

송광영 외(2017), "구제역의 예방과 축산식품안전", 《Safe Food(한국식품위
생안전성학회)》, pp. 19-30

신승철(2011), 《펠릭스 가타리의 생태철학》, 그물코

아비가일 우즈, 신승철 옮김(2011), 《인간이 만든 구제역》, 삶과 지식

아태행정산업연구원(2015), "가축사육 제한구역 거리 재설정 연구", 환경
부·농림축산식품부

앤드루 니키포룩(2015), 《바이러스 대습격》, 알마

윌리엄 맥닐(2005), 《전염병의 세계사》, 이산

윤신영(2014), 《사라져 가는 것들의 안부를 묻는다》, Mid(엠아이디)

이계수(2015), "메르스와 법: 전염병의 법률학", 《민주법학》, 제58호, pp.
239-266

이도헌(2016), 《나는 돼지농장으로 출근한다》, 스마트북스

EBS 지식채널ⓒ(2018), 《지식ⓒ and》, 북하우스

이상수(2010), "경북 안동, 돼지 농장(2개소)에서 구제역 발생 보도자료", 농림수산식품부 동물방역과

이유미(2017), 《10대와 통하는 동물 권리 이야기》, 철수와 영희

전북연구원(2016), 《전북혁신도시 악취관리 중장기 정책방향 설정 워크샵 자료집》, 전라북도

정영훈(2012), 《대만 구제역 살처분 빙법 및 폐사가축 처리 현황》, 국립축산과학원

조녀선 사프란 포어(2011), 《동물을 먹는다는 것에 대하여》, 민음사

지인배 외(2017), "구제역 발생 현황과 방역 체계 개선 방안", 《KREI 현안분석》, 제27호, 한국농촌경제연구원

질병관리본부(2011), 《조류인플루엔자 인체감염 예방 및 관리지침》

찰스 패터슨(2014), 《동물 홀로코스트》, 휴

최강석(2016), 《바이러스 쇼크》, 매일경제신문사

캐서린 그랜트(2012), 《동물권, 인간의 이기심은 어디까지인가?》, 이후

피터 싱어(2008), 《죽음의 밥상》, 산책자

한국농수산식품유통공사(2010), 《2009년도 농림수산식품 수출입동향 및 통계》, 농림수산식품부

한국농촌경제연구원(2011), "구제역 발생에 따른 2011년 상반기 소·돼지 가격 전망"

한국농촌경제연구원(2011), "농업전망 2011: 농업·농촌과 농식품산업: 새로운 시장과 기회"

한국농촌경제연구원(2011), 《2010-2011 구제역 백서》, 농림수산식품부

한국농촌경제연구원(2016), 《2014-2016 구제역 백서》, 농림축산식품부

한국지하수토양환경학회(2011), 구제역 매몰지 수리지질학적 현황평가 및 가축매몰지 환경관리지침 개선연구", 환경부

한국환경공단(2011), 《AI 발생 주변 지역 환경영향 조사 최종 보고서》

허인량 외(2014), "구제역 가축매몰지 인근 지하수 관측정 수질 모니터링", 《한국환경보건학회지》, 제40권 제1호, pp. 47-54

환경부(2011), 《가축매몰지역 환경관리지침》

환경부(2011), "가축분뇨처리시설 종류별 평가를 통한 경제성분석과 설치·운영개선방안 등에 관한 연구"

환경부(2011), 《안정화 진행에 따른 매몰지 침하도 평가》

환경부(2012), 《가축매몰지역 환경조사지침》

환경부(2013), 《가축매몰지역 환경조사지침》

환경부·국립환경과학원(2012), 《가축매몰지 관련 자료집》

책공장더불어의 책

대단한 돼지 에스더
(환경부 선정 우수환경도서, 학교도서관저널 추천도서)
300킬로그램의 돼지 덕분에 파티를 좋아하던 두 남자가 채식을 하고, 동물보호 활동가가 되는 놀랍고도 행복한 이야기.

동물에 대한 예의가 필요해
일러스트레이터인 저자가 지금 동물들이 어떤 고통을 받고 있는지, 우리는 그들과 어떤 관계를 맺어야 하는지 그림을 통해 이야기한다. 냅킨에 쓱쓱 그린 그림을 통해 동물들의 목소리를 들을 수 있다.

인간과 동물, 유대와 배신의 탄생
(환경부 선정 우수환경도서, 환경정의 올해의 환경책)
미국 최대의 동물보호단체 휴메인소사이어티 대표가 쓴 21세기 동물해방의 새로운 지침서. 농장동물, 산업화된 반려동물 산업, 실험동물, 야생동물 복원에 대한 허위 등 현대의 모든 동물학대에 대해 다루고 있다.

동물주의 선언 (환경부 선정 우수환경도서)
현재 가장 영향력 있는 정치철학자가 쓴 인간과 동물이 공존하는 사회로 가기 위한 철학적·실천적 지침서.

순종 개, 품종 고양이가 좋아요?
생명을 사고파는 사회가 만들어낸 괴물, 순종. 순종을 원하는 문화가 개, 고양이에게 어떤 문제를 만들어내는지 수의사인 저가가 과학적·사회학적으로 접근한다.

동물들의 인간 심판 (대한출판문화협회 올해의 청소년 교양도서, 세종도서 교양 부문, 환경정의 청소년 환경책, 아침독서 청소년 추천도서, 학교도서관저널 추천도서)
동물을 학대하고, 학살하는 범죄를 저지른 인간이 동물 법정에 선다. 고양이, 돼지, 소 등은 인간의 범죄를 증언하고 개는 인간을 변호한다. 이 기묘한 재판의 결과는?

실험 쥐 구름과 별
동물실험 후 안락사 직전의 실험 쥐 20마리가 구조되었다. 일반인에게 입양된 후 평범하고 행복한 시간을 보낸 그들의 삶을 기록했다.

동물을 만나고 좋은 사람이 되었다
(한국출판문화산업진흥원의 출판콘텐츠 창작 자금 지원 선정)
개, 고양이와 살게 되면서 반려인은 동물의 눈으로, 약자의 눈으로 세상을 보는 법을 배운다. 동물을 통해서 알게 된 세상 덕분에 조금 불편해졌지만 더 좋은 사람이 되어 가는 개·고양이에 포섭된 인간의 성장기.

동물을 위해 책을 읽습니다
(국립중앙도서관 사서 추천 도서, 한국출판문화산업진흥원 중소 출판사 우수콘텐츠 제작지원 사업 선정)
우리는 사랑하고, 입고, 먹고, 즐기는 동물과 어떤 관계를 맺어야 할까? 목소리를 스스로 낼 수 없는 동물의 편에 서서 그들의 눈으로 세상을 보게 해주는 책을 함께 읽는다.

인간과 개 고양이의 관계심리학
함께 살면 개, 고양이와 반려인은 닮을까? 동물학대는 인간학대로 이어질까? 248가지 심리실험을 통해 알아보는 인간과 동물이 서로에게 미치는 영향에 관한 심리 해설서.

사향고양이의 눈물을 마시다 (한국출판문화산업진흥원 우수출판콘텐츠 제작지원 선정, 환경부 선정 우수환경도서, 국립중앙도서관 사서가 추천하는 휴가철에 읽기 좋은 책, 환경정의 올해의 환경책)
내가 마신 커피 때문에 인도네시아 사향고양이가 고통받는다고? 내 선택이 세계 동물에게 미치는 영향, 동물을 죽이는 것이 아니라 살리는 선택에 대해 알아본다.

동물학대의 사회학 (학교도서관저널 추천도서)
동물학대와 인간폭력 사이의 관계를 설명한다. 페미니즘 이론 등 여러 이론적 관점을 소개하면서 앞으로 동물학대 연구가 나아갈 방향을 제시한다.

물범 사냥 (노르웨이국제문학협회 번역 지원 선정)
북극해로 떠나는 물범 사냥 어선에 감독관으로 승선한 마리는 낯선 남자들과 6주를 보내야 한다. 남성과 여성, 인간과 동물, 세상이 평등하다고 믿는 사람들에게 펼쳐 보이는 세상.

동물은 전쟁에 어떻게 사용되나?
전쟁은 인간만의 고통일까? 자살폭탄 테러범이 된 개 등 고대부터 현대 최첨단 무기까지, 우리가 몰랐던 동물 착취의 역사.

동물 쇼의 웃음 쇼 동물의 눈물

(한국출판문화산업진흥원 청소년 권장도서, 한국출판문화산업진흥원 청소년 북토큰 도서)

동물 서커스와 전시, TV와 영화 속 동물 연기자, 투우, 투견, 경마 등 동물을 이용해서 돈을 버는 오락산업 속 고통받는 동물들의 숨겨진 진실을 밝힌다.

고등학생의 국내 동물원 평가 보고서

(환경부 선정 우수환경도서)

인간이 만든 '도시의 야생동물 서식지' 동물원에서는 무슨 일이 일어나고 있나? 국내 9개 주요 동물원이 종보전, 동물복지 등 현대 동물원의 역할을 제대로 하고 있는지 평가했다.

동물복지 수의사의 동물 따라 세계 여행

((한국출판문화산업진흥원 중소출판사 우수콘텐츠 제작지원 선정, 학교도서관저널 추천도서)

동물원에서 일하던 수의사가 동물원을 나와 세계 19개국 178곳의 동물원, 동물보호구역을 다니며 동물원의 존재 이유에 대해 묻는다. 동물에게 윤리적인 여행이란 어떤 것일까?

숲에서 태어나 길 위에 서다

(환경부 환경도서 출판 지원사업 선정)

한 해에 로드킬로 죽는 야생동물 200만 마리. 인간과 야생동물이 공존할 수 있는 방법을 찾는 현장 과학자의 야생동물 로드킬에 대한 기록.

야생동물병원 24시

(어린이도서연구회에서 뽑은 어린이·청소년 책, 한국출판문화산업진흥원 청소년 북토큰 도서)

로드킬 당한 삵, 밀렵꾼의 총에 맞은 독수리, 건강을 되찾아 자연으로 돌아가는 너구리 등 대한민국 야생동물이 사람과 부대끼며 살아가는 슬프고도 아름다운 이야기.

똥으로 종이를 만드는 코끼리 아저씨

(환경부 선정 우수환경도서, 한국출판문화산업진흥원 청소년 권장도서, 서울시교육청 어린이도서관 여름방학 권장도서, 한국출판문화산업진흥원 청소년 북토큰 도서)

코끼리 똥으로 만든 재생종이 책. 코끼리 똥으로 종이와 책을 만들면서 사람과 코끼리가 평화롭게 살게 된 이야기를 코끼리 똥 종이에 그려냈다.

고양이 그림일기

(한국출판문화산업진흥원 이달의 읽을 만한 책)

장군이와 흰둥이, 두 고양이와 그림 그리는 한 인간의 일 년 치 그림일기. 종이 다른 개체가 서로의 삶의 방법을 존중하며 사는 잔잔하고 소소한 이야기.

고양이 임보일기

《고양이 그림일기》의 이새벽 작가가 새끼 고양이 다섯 마리를 구조해서 입양 보내기까지의 시끌벅적한 임보 이야기를 그림으로 그려냈다.

고양이는 언제나 고양이였다

고양이를 사랑하는 나라 터키의, 고양이를 사랑하는 글 작가와 그림 작가가 고양이에게 보내는 러브레터. 고양이를 통해 세상을 보는 사람들을 위한 아름다운 고양이 그림책이다.

우주식당에서 만나

2010년 볼로냐 어린이도서전에서 올해의 일러스트레이터로 선정되었던 신현아 작가가 반려동물과 함께 사는 이야기를 네 편의 작품으로 묶었다.

동물과 이야기하는 여자

SBS 〈TV 동물농장〉에 출연해 화제가 되었던 애니멀 커뮤니케이터 리디아 히비가 20년간 동물들과 나눈 감동의 이야기. 병으로 고통받는 개, 안락사를 원하는 고양이 등과 대화를 통해 문제를 해결한다.

개.똥.승. (세종도서 문학 부문)

어린이집의 교사이면서 백구 세 마리와 사는 스님이 지구에서 다른 생명체와 더불어 좋은 삶을 사는 방법, 모든 생명이 똑같이 소중하다는 진리를 유쾌하게 들려준다.

노견 만세

퓰리처상을 수상한 글작가와 사진작가의 사진 에세이. 저마다 생애 최고의 마지막 나날을 보내는 노견들에게 보내는 찬사.

강아지 천국

반려견과 이별한 이들을 위한 그림책. 들판을 뛰놀다가 맛있는 것을 먹고 잠을 잘 수 있는 곳에서 행복하게 지내다가 천국의 문 앞에서 사람 가족이 오기를 기다리는 무지개다리 너머 반려견의 이야기.

펫로스 반려동물의 죽음

(아마존닷컴 올해의 책)

동물 호스피스 활동가 리타 레이놀즈가 들려주는 반려동물의 죽음과 무지개다리 너머의 이야기. 펫로스(pet loss)란 반려동물을 잃은 반려인의 깊은 슬픔을 말한다.

암 전문 수의사는 어떻게 암을 이겼나

암에 걸린 암 수술 전문 수의사가 동물 환자들을 통해 배운 질병과 삶의 기쁨에 관한 이야기가 유쾌하고 따뜻하게 펼쳐진다.

개 고양이 사료의 진실

미국에서 스테디셀러를 기록하고 있는 책으로 반려동물 사료에 대한 알려지지 않은 진실을 폭로한다. 2007년도 멜라민 사료 파동 취재까지 포함된 최신판이다.

개가 행복해지는 긍정교육

개의 심리와 행동학을 바탕으로 한 긍정교육법으로 50만 부 이상 판매된 반려인의 필독서. 짖기, 물기, 대소변 가리기, 분리불안 등의 문제를 평화롭게 해결한다.

개 피부병의 모든 것

홀리스틱 수의사인 저자는 상업사료의 열악한 영양과 과도한 약물사용을 피부병 증가의 원인으로 꼽는다. 제대로 된 피부병 예방법과 치료법을 제시한다.

고양이 질병에 관한 모든 것

40년간 3번의 개정판을 내며 고양이 질병 백과의 고전이 된 책. 고양이 질병의 예방과 관리·증상과 징후·치료법에 대한 모든 해답을 완벽하게 찾을 수 있다

우리 아이가 아파요!
개 고양이 필수 건강 백과

새로운 예방접종 스케줄부터 우리나라 사정에 맞는 나이대별 흔한 질병의 증상·예방·치료·관리법, 나이 든 개, 고양이 돌보기까지 반려동물을 건강하게 키울 수 있는 필수 건강백서.

개 고양이 자연주의 육아백과

세계적인 홀리스틱 수의사 피케른의 개와 고양이를 위한 자연주의 육아백과. 40만 부 이상 팔린 베스트셀러로 반려인, 수의사의 필독서. 최상의 식단, 올바른 생활습관, 암, 신장염, 피부병 등 각종 병에 대한 대처법도 자세히 수록되어 있다.

임신하면 왜 개 고양이를 버릴까?

임신, 출산으로 반려동물을 버리는 나라는 한국이 유일하다. 세대 간 문화충돌, 무책임한 언론 등 임신, 육아로 반려동물을 버리는 사회현상에 대한 분석과 안전하게 임신, 육아 기간을 보내는 생활법을 소개한다.

사람을 돕는 개

(한국어린이교육문화연구원 으뜸책, 학교도서관저널 추천도서)

안내견, 청각장애인 도우미견 등 장애인을 돕는 도우미견과 인명구조견, 흰개미탐지견, 검역견 등 사람과 함께 맡은 역할을 해내는 특수견을 만나본다.

유기동물에 관한 슬픈 보고서

(환경부 선정 우수환경도서, 어린이도서연구회에서 뽑은 어린이·청소년 책, 한국 간행물윤리위원회 좋은 책, 어린이문화진흥회 좋은 어린이책)

동물보호소에서 안락사를 기다리는 유기견, 유기묘의 모습을 사진으로 담았다. 인간에게 버려져 죽임을 당하는 그들의 모습을 통해 인간이 애써 외면하는 불편한 진실을 고발한다.

유기견 입양 교과서

유기견을 도우려는 사람을 위한 전문적인 정보·기술·지식을 담았다. 버려진 개의 마음 읽기, 개가 보내는 카밍 시그널과 몸짓언어, 유기견 맞춤 교육법, 입양 성공법 등이 담겼다.

버려진 개들의 언덕

인간에 의해 버려져서 동네 언덕에서 살게 된 개들의 이야기. 새끼를 낳아 키우고, 사람들에게 학대를 당하고, 유기견 추격대에 쫓기면서도 치열하게 살아가는 생명들의 2년간의 관찰기.

개에게 인간은 친구일까?

인간에 의해 버려지고 착취당하고 고통받는 우리가 몰랐던 개 이야기. 다양한 방법으로 개를 구조하고 보살피는 사람들의 이야기가 그려진다.

용산 개 방실이 (어린이도서연구회에서 뽑은 어린이·청소년 책, 평화박물관 평화책)

용산에도 반려견을 키우며 일상을 살아가던 이웃이 살고 있었다. 용산 참사로 갑자기 아빠가 떠난 뒤 24일간 음식을 거부하고 스스로 아빠를 따라간 반려견 방실이 이야기.

치료견 치로리

(어린이문화진흥회 좋은 어린이책)

비 오는 날 쓰레기장에 잡종개 치로리. 죽음 직전 구조된 치로리는 치료견이 되어 전신마비 환자를 일으키고, 은둔형 외톨이 소년을 치료하는 등 기적을 일으킨다.

후쿠시마에 남겨진 동물들

(미래창조과학부 선정 우수과학도서, 환경부 선정 우수환경도서, 환경정의 청소년 환경책)

2011년 3월 11일, 대지진에 이은 원전 폭발로 사람들이 떠난 일본 후쿠시마. 다큐멘터리 사진작가가 담은 '죽음의 땅'에 남겨진 동물들의 슬픈 기록.

고양이 천국

(어린이도서연구회에서 뽑은 어린이·청소년 책)

고양이와 이별한 이들을 위한 그림책. 실컷 놀고 먹고, 자고 싶은 곳에서 잘 수 있는 곳. 그러다가 함께 살던 가족이 그리울 때면 잠시 다녀가는 고양이 천국의 모습을 그려냈다.

나비가 없는 세상

(어린이도서연구회에서 뽑은 어린이·청소년 책)

고양이 만화가 김은희 작가가 그려내는 한국 최고의 고양이 만화. 신디, 페르캉, 추새. 개성 강한 세 마리 고양이와 만화가의 달콤쌉싸래한 동거 이야기.

후쿠시마의 고양이

(한국어린이교육문화연구원 으뜸책)

2011년 동일본 대지진 이후 5년. 사람이 사라진 후쿠시마에서 살처분 명령이 내려진 동물을 죽이지 않고 돌보고 있는 사람과 함께 사는 두 고양이의 모습을 담은 평화롭지만 슬픈 사진집.

깃털, 떠난 고양이에게 쓰는 편지

프랑스 작가 클로드 앙스가리가 먼저 떠난 고양이에게 보내는 편지. 한 마리 고양이의 삶과 죽음, 상실과 부재의 고통, 동물의 영혼에 대해서 써 내려간다.

채식하는 사자 리틀타이크

(아침독서 추천도서, 교육방송 EBS 〈지식채널e〉 방영)

육식동물인 사자 리틀타이크는 평생 피 냄새와 고기를 거부하고 채식 사자로 살며 개, 고양이, 양 등과 평화롭게 살았다. 종의 본능을 거부한 채식 사자의 9년간의 아름다운 삶의 기록.

햄스터

햄스터를 사랑한 수의사가 쓴 햄스터 행복·건강 교과서. 습성, 건강관리, 건강식단 등 햄스터 돌보기 완벽 가이드.

토끼

토끼를 건강하고 행복하게 오래 키울 수 있도록 돕는 육아 지침서. 습성·식단·행동·감정·놀이·질병 등 모든 것을 담았다.

고통받은 동물들의 평생 안식처 동물보호구역

(환경부 선정 우수환경도서, 환경정의 올해의 어린이 환경책, 한국어린이교육문화연구원 으뜸책)

고통받다가 구조되었지만 오갈 데 없었던 야생동물의 평생 보금자리. 저자와 함께 전 세계 동물보호구역을 다니면서 행복하게 살고 있는 동물을 만난다.

동물원 동물은 행복할까?

(환경부 선정 우수환경도서, 학교도서관저널 추천도서)

동물원 북극곰은 야생에서 필요한 공간보다 100만 배, 코끼리는 1,000배 작은 공간에 갇혀 살고 있다. 야생동물보호운동 활동가인 저자가 기록한 동물원에 갇힌 야생동물의 참혹한 삶.

묻다 – 전염병에 의한 동물 살처분 매몰지에 대한 기록

초판 1쇄 2019년 3월 8일
초판 5쇄 2022년 9월 21일

글·사진 문선희

편집 김보경
교정 김수미
디자인 나디하 스튜디오(khj9490@naver.com)
인쇄 정원문화인쇄

펴낸이 김보경
펴낸곳 책공장더불어

책공장더불어

주소 서울시 종로구 혜화동 5-23
대표전화 (02)766-8406
팩스 (02)766-8407
이메일 animalbook@naver.com
블로그 http://blog.naver.com/animalbook
페이스북 @animalbook4
인스타그램 @animalbook.modoo
출판등록 2004년 8월 26일 제300-2004-143호

ISBN 978-89-97137-36-7 (03300)